片づかない理由は心—
自分を良い環境におくと
信じられない奇跡が起こる!

愛と幸せを引き寄せる

片づけの波動

片づけ波動セラピスト
藤岡 聖子 著

はじめに

片づけと波動。「なんの関係が？」と思われたでしょうか。波動とは目に見えないものです。この目に見えないものが、あなたやあなたの暮らす部屋にあふれているのです。モノが多い家ほど捨てられない意識が強いのです。

捨てられない意識。これも見えないものです。意識とは不思議なものです。見えないのに人を支配さえもしてしまう。そんなエネルギーがあるのです。その不思議なエネルギー・波動に巡り会うところから、私の心の旅は始まったのです。

私が自分探しをしていた頃の話です。

何のためにこの地球に、今に、生まれてきたのだろう。私の使命とは何であろうかと探していました。グループコーチングを受けた時に「子供」というキーワードが出てきていました。

しかし子供については苦手意識がありました。確かに結婚してから子供ができずに随分悩んだ時期もありました。自分の子供は、欲しくて産んだ子なので大好きです。高齢出産だったので障がいがあるかもしれないと思っていました。もちろん、たとえそうであったとしても産むつもりでいました。

子供には絵本の読み聞かせもしましたし、赤ん坊の頃からよく話しかけていました。しかし、公園で遊んでいる他人の子供については、違うのです。近づきたくないというか、ちょっと怖いというか、わけの分からない感情を持ってしまうのです。自分探しをしていくと、この理由は解き明かされていきました。

自分の子供については、不思議な行動がありました。それが解明されたのは、やはり自分探しをしている時でした。自分の過去世を、いくつも見たり聞いたりして調べていきました。ヒプノセラピー（催眠療法）で今の子供との繋がりがわかりました。誘導瞑想で行った先に見えた現実。知らない土地、知らない洋服。そこにいる自分と思われる女性。自分で映像を見ているのですから疑いようがありません。

詳しい話は省きますが、その時に過去世の子供がとっていた行動と同じことを今の自分の子供が繰り返していたのでした。それが分かるまでは、子供がただひたすら部屋の中を歩き回る行動を茶化していたのですが、その背景と理由がわかった時に、私は何も言えなくなりました。

悲しい過去世の記憶が、子供の細胞に刻まれていたのです。これをどうすれば解消してあげられるのだろうか。親としての責任がある。その時、ある人に「扉を開けてあげればいいんだよ」と言われ、私の頭の中にある見てきた光景の中の扉を開きました。すると不思議なことに、その奇妙な行動はなくなったのです。潜在意識というのは繋がっているのだと理解した瞬間でした。


私たちは、思考を巡らしていろいろなことを考えています。これは顕在意識が働いているわけですが、意識全体の中の顕在意識は、たった3％ぐらいだと言われています。それ以外は潜在意識・無意識なわけです。心理学を習った方ならご存知のことでしょう。

部屋というのは、私たちが「意識する・しない」に関わらず、自分が選んできたモノたちでできています。「部屋がすぐに散らかってしまう。実家もモノでいっぱい。どうやって片づけたらいいのだろう」と困惑するわけですが、自分が集めてきたモノですから、何のためにそれを集めたのか、知っているのはあなた自身です。

その集めた目的は何でしょうか。「現在の自分を生きたい！」と思うのであれば、過去のしがらみから集めてきたモノたちは「いらないモノ」なのです。それを昔の潜在意識があなたに思い留まらせているのです。

私たちはエネルギー体です。エネルギーは目に見えません。意識も見えません。ただこの地球に生まれてきたのは、何らかの使命を持っているからです。

その中に過去のトラウマを解消するというのも入っています。それはあなたの過去ではないかもしれません。現に私は、過去の子供のトラウマの解消をしましたし、その当時（過去世）の夫の願いも今世で解消しています。

それは過去世を見なければ分からないことでした。瞑想映像を見てすぐに気がついたのではありません。いくつかの事象が重なっていくうちに、「あ〜そういうことか」と読み解いた感じです。

皆さんに過去世を見てくるように言っているのではありません。私たちの細胞・DNAには、宇宙ができてからの全てが書きこまれているということです。

地球人だけの話ではないのです。そんな途方もないことを、宇宙が誕生してからのすべての記憶が記載されているというアカシックレコードのリーディングを受けて理解しました。頭ではなくて、感情で理解したのです。涙が止まらなかったのは、魂の記憶としか言いようがなかったのです。もしあなたが魂の浄化をしたいとするならば、目の前にある情景を変えていくことが必要なのです。

環境を整えることで、必ず見えてくるものがあります。今を生きることの大切さ。楽しく生きていくことで、全て上手くいくこと。その楽しく生きていく方法の一部が、部屋を片づけることでもあるのです。

私たちは幸せに生きるために生まれてきました。その幸せを手に取る一助としてこの本が役立つことを願っています。

片づけ波動セラピスト　藤岡 聖子

愛と幸せを引き寄せる

片づけの波動

第2章 片づけができないさまざまな理由

第3章 金運がアップする片づけ

第6章 未来を変える片づけ

巻末資料 波動片づけプログラム

第1章

いい波動が幸せを連れてくる

見えないエネルギー・波動

地球上に存在するものすべてに固有のエネルギー（波動）があります。人間だけではなく、テーブルにも、椅子にも、あなたの手元にあるスマホにも、固有の波動があります。それは使えば使うほど、あなたに似たものになっていきます。

似たもの夫婦という言葉がありますが、元々持っている波動が似たものを持っている者が夫婦になっています。また、ペットも飼い主に似てくると言われます。それは一緒に暮らすごとに、同じ波動が通い合うのです。だから似てくるのです。

実際に顔が似ているかどうかではありません。雰囲気や行動が似てくるのです。タイミングも合ってきます。トイレに入ろうとしたら、先に入られたなどの経験はないでしょうか。お昼に食べたものが夕飯と被るということもあります。不思議なほど似てくるものです。

最近、量子力学という分野が発達してきています。「目に見えないものが存在する」ということが科学的に解明されつつあります。

それを人間は、「第六感」と言って使ってきました。

それを経験としてまとめているのが「風水」です。

長年続いてきた経験を体系化しているので、もしそれが人生に影響を与えないのであれば、何千年も続くはずがないのです。現在まで残っていること自体、なんらかの益があるから残っているのです。でなければ淘汰されて残っているはずはありません。

日本人であれば、神道を考えれば分かるでしょう。

神社は、もっとも波動を感じやすい場です。伊勢神宮に早朝参拝をされた方ならお分かりだと思いますが、ピンと張り詰めた空気は、背を正さないと足を踏み入れられないほどの気高さがあります。

清らかに掃き清められた空間。心を正して参拝する人々。どこの神社でも同じですが、私が一番びっくりしたのは、鹿島神宮の例大祭に参列した時のことです。

神宮と名のつく神社は限られています。鹿島神宮は、日本統一に貢献した武甕槌《たけみかづち》の神をお祭りしています。神殿に入るだけで、そのエネルギーの強さは格別なものです。

例大祭は、皇室からのご参加もあり厳かに始まりました。祭事が始まると、とにかく寒くて身体がガタガタ震えました。「なぜこんなに？」と思うほどです。そうこうしているうちに儀式は終了しました。途端に、身体の震えは収まりました。不思議なほど、寒さもありません。時間が経てば陽射しは陰ってきますから、本来なら寒さは増すはずです。その時、初めて知ったのです。寒さから震えていたのではなく、ご神気で震えがきていたのだと。改めて、鹿島様のお力を知ったのでした。

このような経験をすると、波動というものがどういった影響を与えるのか、お分かりになると思います。人は、なぜ神社に行くのか？　この波動を受けたくて行くのではないでしょうか。

人の想いも波動となる

さて、波動（エネルギー）について、多少はお分かりいただけましたでしょうか。神様ほどの波動はないにしても、人にもモノにも波動はあります。人の想いが強ければ、他にも移ります。転写されるのです。

親が子供への想いが強ければ、子供は応えようとします。それがあまりにも強いと子供を潰すことにもなりかねませんが、伝わっているのは事実です。それも、親が発する波動が起こしているのです。子供が反発するのも正しい行動です。それは前世からの学びを続けているのです。それにより、ソウルグループ（類魂）全ての学びとなります。波動は、時空を超えて伝わるのです。

パラレルワールドというのを聞いたことがあるでしょう。現在の自分が変われば、過去も未来も変わる。２０２１年は、地球の変革期と言われる「風の時代」が到来。２０２０年までは「地の時代」であり、物質が重要でした。しかし、これからは「こころ」が重要になってきます。

時代はＡＩが普及して、「機械ができる仕事」はなくなります。何が残るかというと、「人ができる感情を扱う仕事」です。下手な人間よりＡＩの方が賢くなりつつありますが、まだまだＡＩは感情までは扱えません。ふとした仕草、目線、言葉のトーン。言っていることと、「こころ」の中の不一致。そこが分かるのは、同じ感情を持つ人間だけなのです。なぜ分かるのか？　それは心から発している「波動」を受け止めているからです。

何かいつもと違う。こんな第六感を感じたことはないでしょうか。家族や親しい人が亡くなる時、ふと聞こえる声、胸騒ぎ…。よく聞く事象だと思います。

私自身も、祖母が亡くなる時に声を聞いています。病院にお見舞いに行った帰り、親戚の車に乗って、皆で温泉に行こうと話していました。その時に祖母の声で、「戻って欲しい」と聞こえました。私は戸惑いました。こんなこと誰が信じるでしょう。今行ってきたばかりの病院です。「明日また行くからね。待っていてね」と祈り、誰にも話しませんでした。

しかし、その夜中、危篤と電話が入り慌てて皆で病院へ駆けつけました。残念ながら、祖母は亡くなっていました。この時の後悔は、今も残っています。「直感は、信じる方がいい！」とつくづく思いました。

また、会った瞬間に怪しいと感じる直感があれば、人に騙されることもありません（わからない時は、直感が鈍っています）。それを、「外見や印象で判断してはいけない」と頭で判断するから騙されるのです。欲が絡んでいる時も、騙されやすいものです。人間ですから完璧はありませんが、一番最初に感じたことを信じれば意外に上手く行くものです。騙される人がいるような上手い話も、損をする前に切り抜けることができたりするのです。

自分の中の幸せの量を増やす

あなたは、幸せを今感じていますか？　幸せという感情を、どのように思われているでしょうか。

幸せの反対語は不幸せなのですが、かつて私自身は幸せと言う言葉を口にすることにためらいがありました。何故かと言うと、幸せの裏には不幸せがセットになってるような気がしたからです。

しかし、この間違いについてリセットをする機会がありました。「幸せは、そのまま幸せで良い。どんな時にも、幸せはある」と言う原理原則です。たとえ本人が不幸せだと思っている状況であっても、幸せという感情を持つことは可能なのです。その幸せの粒を小さくしていくと、限りなく人生は幸せの連続になるのです。

そもそも「幸せって何なのか」と言うことが疑問としてあがります。「幸せ」と「幸福」は違うのです。どういうことかというと、「幸せ」は、自分の内側で感じる感情のことを表します。一方、「幸福」は「幸」と「福」を分けます。外から「福」がやってくるという意味があるため外から与えられるもの。「幸」は内側ですから、内と外のものを統合してバランスが取れている状態を表しています。

そして、このバランスを取るためには、まずは内側である「幸」を自分の中で満たしていく準備が必要になります。その準備が整った時に、外からその同じ量の「福」が与えられるのです。

仮に外から来るものが多かった場合には、内側と同じになるように減っていきます。宝くじに当たった人があっという間にお金をなくすのは、自分の内側に見合った「幸」の量に引き戻されるからです。世の中の陰陽はお金にも関わるのです。

では、どうすればいいのか。幸せの量を増やすことが必要になってきます。そんなにたくさんの幸せなんて思い付かないと思いますか？　いえいえ、あなたの周りには幸せの種は、山ほどあるのです。

日常の中にある無数の幸せ

今あなたは、この本を読んでいます。読むことができるということは、文字を見ることができているということですよね。つまり見えるという状態です。では誰もが見える状態でしょうか。生まれつき盲目の人もいます。朝起きたら見えなくなっている人もいます。糖尿が悪化して失明する人もいます。でもあなたは、今、見ています。

これって幸せではないですか？

女優の樹木希林さんが、ある朝お手伝いさんに「カーテンを開けてください」と声をかけました。お手伝いさんは、「もう開いてますよ」と答えました。それにより希林さんは、自分の目が見えていないことに気がついたのだそうです。すぐに病院に行かれて、幸い片目は光を取り戻しました。片方の目は見えないままにされたそうです。それが自然だからと言われたそうです。

凡人にはなかなかできないことですね。世の中にはこのような事態に遭遇する人がいるわけです。でもあなたには起こっていません。

今朝も、あなたは元気に起きることができました。でも目があかない人もいるわけです。今日も生きている、これって幸せじゃないですか？

今朝、ご飯を食べましたか？ダイエットで食べていない人は別として、食べようと思えば食べられたはずです。しかし世界中の子供たちの中には、一日一食も食べることができない厳しい現状もあります。ご飯が美味しくいただけること、これも幸せではないでしょうか。

幸せは自分の感情です。感情を細かく細かく噛み砕いていくと、幸せは無数にあるのです。それを数えるか数えないかは、あなた次第です。でもたくさんの幸せがあると知っている人の方が、より幸せの量が増えます。幸せの量に合わせて福が来るのであれば、小さな幸せを積み上げたほうが、たくさんの福があなたに降り注ぎます。幸せを感じている時、あなたのエネルギー状態は良い状態になっています。常に良い波動を周りに放っている状態です。良い波動は良い波動を呼びます。同じものは引き合うからです。波動が上がれば上がるほど、幸福度は上がります。

幸せの感度が高い「至福の時」

あなたにとって、至福の時と言うのはどんな時でしょうか。

私の場合、忘れられないほどの至福の時がありました。それは出産の直後です。なかなか子供ができないでいましたから、命をかけて子供を産んだ時、自分の腕に生まれたばかりの赤ん坊が寄り添って寝ている。この時の何とも言えない幸せ感、まさに至福の時でした。

命をかけるなんて大げさなと思われるかもしれませんが、高齢出産で初産というのは、自分自身のリスクと子供自身のリスクの両方を考えておく必要がありました。それも覚悟の上で産みました。それほどに子供への執着ともいえるものがありました。自分の子供が欲しかったのです。産みたかった――不妊で悩んでいる方であれば、この感情をおわかりいただけるのではないかと思います。

一度は医学的に無理だと言われたので諦めました。それはパートナー側の問題でしたが、その後、その事実を認めることができない義母との間に溝ができ、離婚をすることになります。身体は産めるというサインを出してきます。そのせつなさは、言葉に言い表せません。

再婚の条件は、子供ができる人。もちろん、口では言いません。この本がはじめてのカミングアウトになります。それでも年齢的には遅いので、すぐに子供ができるわけではありませんでした。一年できないから不妊だと言っている若い夫婦の話を聞いて、「そんなの不妊とはいわないよ」と思っていました。

そんな状況でしたから、生まれた時の感慨はとても深かったのです。今でも、これ以上の「至福の時」は見当たりません。人生において「至福の時」は、そんなに多くあるものではないのかもしれません。しかし、誰にでもそんな時はあるものです。幸せの感度が高ければ高いほど、至福の時の感情を感動として捉えることができるのではないでしょうか。

あくまでも自分との対話なのです。他人から幸せと思われても、自分は幸せとは限りません。他人からどう思われようが、自分が幸せと思わなければ意味がありません。まずはここをしっかりと自覚しておきましょう。

幸せの連鎖「三人先の幸せ」

幸せは人に伝わります。あなたが子供に優しくすれば、子供は嬉しいと感じます。心が満ち足りた状態です。その子供は、お友達にも優しくすることができます。優しくされたお友達は、また嬉しいので、周りのお友達にまた優しくすることができます。「三人先の幸せ」です。ここにいじめは存在しません。

逆に、あなたがイライラしていたらどうなるでしょうか。公園デビューを果たしたママが、自分の傍からなかなか離れない自分の子供にイライラしているのを見たことがあります。なぜこの子は他の子と同じように遊びに行けないのだろうか。なぜ私の洋服を引っ張って離れようとしないのだろうか。

子供の立場から見てみましょう。子供は母親の感情をしっかりと受け止めています。赤ん坊の時を思い出してください。親がゆったりしている時には、赤ん坊もゆっくり寝ているものです。しかし親の心が不安定な時ほど、赤ん坊は泣きます。なぜこの子は泣くんだろうか。余計母親はイライラが募り、子育てが不安になります。それぐらい母親の気持ちは子供に伝わるものです。

赤ん坊だから伝わっているのではありません。小さなお子さんも同じなのです。イライラしている母親の傍から離れたら、置いていかれるかもしれない。子供にしてみれば不安で不安で仕方ありません。遊びに行くどころではないのです。だから母親の顔色を伺いながら傍を離れないのです。

もしそんな状況があったとしたならば、子供にゆっくりと笑顔で話しかけてください。「お母さんはどこにも行かないから、お友達と楽しく遊んでおいで」と。子供の目が笑うはずです。そして「うん、行ってくる！」と元気にお友達のところに走っていくでしょう。

幸せは連鎖します。イライラも連鎖します。怒りも連鎖します。そして家族は同じソウルグループ（72頁参照）から来ています。同じ課題を持っているから、家族として一緒に乗り越えるためにいます。どうせなら幸せの連鎖を起こしませんか？　そのためにあなたが笑顔でいる必要があるのです。

では笑顔でいるためには何が必要でしょうか。私は家庭環境が大事だと思っています。その一つが「整理収納」です。整った部屋は、すっきりとした心持ちでいられます。心が整えば、少々のことで怒ったりイライラすることもなくなります。そんな家庭環境を作って欲しいのです。

子供がのびのびと話せる親子関係は、小さなことですが親が笑顔でいることがなによりも大切なのです。夫婦関係ならパートナーが帰ってきた時にホッとする家、早く帰りたくなる家、そんな幸せな家庭を作れたなら、「三人先の幸せ」はどんどん広がっていくでしょう。

幸せに暮らす自分を描く

本書は片づけの本ですが、読んだ人が幸せに暮らすことができるようにと願って書いています。幸せな暮らしを手にするためには、「どんな部屋にしたい」「どのような暮らしをしたい」「どんな家庭にしたい」という青写真が必要です。今の生活のままの写真の上に理想の部屋をつくるのではなくて、真っ白なキャンバスに、これからどうしたいのかを描いて欲しいのです。

今ある家具を使う前提でいると、あなたの本当になりたい自分や暮らしたい部屋にならないことがあるからです。最終的には現在の暮らしとの調整が必要になりますが、初めから調整をする必要はありません。

理想の暮らし、理想の部屋、理想の家族。そこにいるあなたは、どんな洋服を着て、どんなものを使い、どんな料理を作り、どんな行動をしているのでしょうか。理想の自分が描けたなら、今の自分との違いを見つけてください。

そして、家族に理想ばかりを押しつけて、自分が変わらないのであれば、当然現状は変わりません。まずは自分が変わる必要があります。

そしてモノが捨てられないと言うのであれば、なぜ捨てられないのかを自分に問いかけてみましょう。

・それはいつからですか

・誰かに強制されたことはありますか
・刷り込みはありますか（小さい時から言われ続けたことなど）
・勝手に自分でできないと思い込んでいないですか
・家族に確認したことはありますか
・全てが捨てられないですか
・洋服だけですか
・本や書類ですか
・思い出のものですか
・雑貨はなぜそんなにたくさん必要なのでしょうか
・本当に好きなものですか
・もったいないと思いますか

何がもったいないのですか？　使わないからもったいないのです。使っていたらもったいないとは思いません。ではなぜ使わないのですか？　使ってあげれば良いのです。

次に物の立場に立って考えてみましょう。

（本の立場）

本が積まれた状態で三年、埃だらけです。あなたは読まないのに、もったいないと思って積んだままです。本はどんな気持ちで積まれているのでしょうか。本の使命は何でしょうか。

本は読まれるために生まれてきました。もし仮に、ブックオフの棚にあったとしたならば、一体何人の人が三年間にその本と出会うことができたでしょうか。

また、三年も経っていれば図書館に行けば借りられます。あなたが所有している必要性はほとんどないのです。

（服の立場）

タンスの肥やしになっている洋服。一度も着られずに袋の中に入ったままの洋服。たくさん持っているにもかかわらず、あなたは着る洋服がないと言っています。

この洋服たちは、この世に何のために生まれてきたのでしょうか。人に差し上げたり、リサイクルショップに持って行ったりしたならば、その洋服たちは新たな役割を果たすことができるはずです。

なぜ、手放すことができないのでしょう。その服が高価だったから、着足りないいからですか。手元にある洋服は、あなたが自分で買ってきたものです。たくさんの洋服の中から選んで買われたのです。たとえ店員さんに「お似合いですね」と言われて好きでもないのに気分が良くて買ってきたのだとしても、買う決断をしたのはあなたです。誰のせいでもありません。ましてや洋服のせいではありません。

ただ持っているだけでは役に立たないということを、あなたは分かっているはずです。人生を変えたくないですか。未来の自分を描いてみませんか。人生、遅いということはありません。

あなたの生涯を支える本は？
あなたが輝くために必要な洋服は？
どんな部屋に住んでいますか？
どのような料理を食べ、どんな表情で日々を過ごしていますか？
幸せに暮らす理想の自分の姿を具体的に描くことから始めてみましょう。

第2章

片づけができないさまざまな理由

片づけるためにはルールが必要

単に部屋を片づけることを「片づける」と言うわけではありません。人生の岐路に立った時にその効果を知ることになります。

ものを片づけるということは思考の整理です。何を残し何を処分するのか判断していきます。基準がはっきりしていればさっさと片づけることができます。

「片づける」って大雑把に言っていますが、一番最初は分けることから始まります。「いるモノ」と「いらないモノ」と分けるわけですが、「いるモノ」というのが不明確なので捨てられないのです。いるモノ=今現在使っているモノ、または、この一年以内に使ったモノ、この仮定をしていくと明らかに明確な基準ができるのです。

人生は選択の連続です。人は1日に35000回も判断していると言われます。重要なことから些細なことまで、あらゆることに対し、やる、やらない、右、左みたいなことを決めているのです。仕事だけでも判断疲れしてしまうのに、自宅に帰ってからも片づいていないと「鞄はどこに置こう?」「あ〜昨日の洋服、椅子に掛けっぱなしだ」「早く仕舞わなくっちゃ」など頭の中を駆け巡ることになります。

これを毎日繰り返していたら、疲れるのは当たり前です。せめて自宅に帰ったら、判断することなくルーティンになっていれば、身体は使いますが脳は休んでいる状態となり、疲労はかなり軽減します。

歯磨きを苦にする人はいません。これは毎日のルーティンだからです。なるべくルール化していくことが、片づけを楽にする方法です。

一年間で使わないモノだってあるとの反論もあるでしょう。

もちろん喪服等は毎年着るわけではありません。ただいつか着れるとか、痩せたら着るなど、曖昧な目標設定の下にあるものは結局日の目を見ることはありません。

痩せて着たいのであれば、いつからダイエットを始めて、いつまでに何キロ減らすという計画を立てて行動を起こさなければなりません。それをしていないにも関わらず、いつか着ると言っても全く説得力がありません。それを見ている家族は意外と冷静に眺めているものです。この思考にこそ、その人の性格や考え方が現れるのです。

仕事ができる人はデスクがきれいだと言われます。必要なものだけを残すと効率的になることを知っているからです。決断力があると言うよりも、自分なりのルールを作っている人が多いようです。そのルール通りにしていけば、自然と片づく仕組みを作っているのです。

どんな時にどのような状態になったなら、処分するということを初めから決めておけば迷いがありません。感情を主軸に置くと、すべて捨てられなくなります。人は感情の生き物ですから、これは楽しかった時のモノ、これは辛かった時のモノ、など全てストーリーがついてしまうと手放せなくなります。

整理をして減らした経験者は、手放せばいいのにと思っています。嫌な出来事を思い出すモノさえ、思い出として取っておきたいという感情が出てくることさえあります。

何のために所有しているのか？男性ならプロジェクトの資料が捨てられない、わりとよくある話です。段ボールごと退職しても抱えている、これは過去の栄光を追っているのかもしれません。成功した時の高揚感が染みついているのかもしれません。本人は、そこまで自分の感情を掘り下げておらず、ただ取っておいてくれと言います。

その感情から一歩離れるためには、自分なりの基準を確立する必要があります。他の人と違っても構いません。しかしなかなか自分の基準というものを作れない方がほとんどなので、「一年以内に使ったものが必要なモノ」「一年に一度も使わなかったものはいらないモノ」というように仮定するわけです。そして、その中でまた自分なりの優先順位をつけていきます。それを繰り返していくうちに、自然と自分なりのルールができていくものなのです。

なくても困らない、これを体感するためには一度手放してみることです。不安感をなくすには、慣れと訓練が大事です。モノで体感できると、頭の中の整理も容易になります。

片づけられない理由

(1) 生まれ育った家（実家）がモノにあふれている

片づけを仕事として始めた頃は、「やろうと思えばできるのでは？」と思っていました。しかし、「そうではない！」とすぐに感じたのです。

多くの皆さんは生まれた時からあふれかえったモノに囲まれて、育っているわけです。子供の頭は柔らかい、その頭の記憶に20年くらい散らかった状態がインプットされるわけです。

大人になったからといって、結婚したからといって、すぐに片づけができるものではありません。もちろん、努力される方もいます。散らかっていない方も、当然います。でも散らかっていないけれど、開かずの間があるご実家を持つ方が「モノを増やしたら、実家みたいになる！」と言われました。この言葉に恐怖のようなものを感じました。「そうならないように！」と自分に言い聞かせているのです。これって幸せなのでしょうか。

心のベースは、マイナスではなくプラスであって欲しいと思うのです。きれいな状態にある今の自分は「幸せ！」、そう思って日々を過ごせたなら、もっと自然に片づけられることでしょう。

片づけに困っている方は、やはり実家がきれいなお宅より、散らかっている方に多い気がします。20年もインストールされ続けた目の奥に焼き付いた光景は、そうそう消えることはありません。自分が消さない限り…。

だから、「片づけができないのは実家が散らかっているから」と言っていいのです。自分を卑下する必要はありません。でも、そこで止まっていては人生で損をします。この世に生まれてきたのは楽しむためです。苦しむために生まれてきたのではありません。楽しんで片づけをしていきましょう。人生を楽しむために。

⑵ 片づけは整理の仕方を知ること

「片づけ方が分かりません」、よく聞く言葉です。でも、分からなくて当たり前だと思っています。学校で「整理整頓しましょう！」とは言われますが、やり方って教えてもらっていません。であれば、わからなくて普通ということです。

ひと昔前は、家庭で教えていたのかもしれません。かつては二世帯同居は当たり前でしたから、手が空いている祖父母がその役割をになっていたかもしれません。余談ですが、歌舞伎の世界では、孫に教えるのが祖父なのは普通のようです。

ちゃぶ台のある居間。同じ部屋で食事をし、家族団欒の場でもあり、また寝室にもなる——そんな昔の日本の生活環境は、空間を上手く使いこなしていました。モノが山のようにあれば、生活が立ち行かなくなってしまうからです。

その頃、私たち日本人はどれくらいのモノを持っていたのでしょうか。今より少ないモノで暮していたはずです。便利家電や収納物が増えるごとに家が狭くなり、同時に心も狭くなってしまったのです。

かつては音が原因で近隣トラブルが起きることなどあまり聞きませんでした。今の私たちの心は、狭く満たされない部分を他人に転換してしまってはいないでしょうか。

昼間にピアノを弾いただけで、クレームをつける方がいるのは寂しい限りです。

また、かつて戦争で物がない時代がありました。物がないので大切にしよう！ そういった意味で、「もったいない」という言葉が使われるようになりました。元来「もったいない」というのは、大切に使おうという意味だったはずです。

ところがバブル期以降のモノ余りの時代になっても「もったいない」という言葉のお化けは生き続けています。そのお化けに振り回されて、多くのモノを持ったまま「片づけ方がわからない」と言っているのです。

この言葉は、言い換えた方がいいですね。「整理の仕方が分からない！」と。モノが少なければ、片づけようと気負わなくても片づくようになります。棚にポンと置けば片づいてしまうのですから。

また収納にとらわれてしまうと物事は進みません。なぜなら、片づけの順番では「収納」は2番目だからです。ここが理解できると、あっという間に散らかりが消えます。

・整理の基準（すでにお伝えしました）
・整理のやり方
・大量の中から選びとる方法

・捨てられないモノの扱い方

このような片づけの方法を知りたい方は、本書の「巻末資料・波動片づけプログラム」と「第6章・未来を変える片づけ」で確認してください。整理の大切さがメチャメチャわかります。私も、これを知って納戸部屋がセミダブルベッド2台の寝室になりました。

部屋の風景を変えるには、まず理解することで意識を変えることです。無意識を変えるには時間がかかりますが、顕在意識を変えるのは、そう難しいことではありません。まずは、ここから変えましょう。

(3) 部屋が散らかるのは、頭の中がスッキリしていないから

お部屋が散らかってくると、頭の中もグチャっとしてきます。と言うよりも頭の中がモヤっとしているから、部屋が散らかると言った方が正確でしょう。

そもそも頭の中がスッキリしていれば、部屋は散らからないのです。ササっと判断して動き、感情に振り回されない仕掛け（ルーティン化）をつくり、これをしたら次はこれと決まり事にしているのが成功者の共通点です。整理収納もこれに近いのです。

・夕飯を済ませたら、すぐに食器を洗う

・家族バラバラの時間に食べるなら、後で食べる人が食洗機を回す

決まり事をつくるのです。忙しい人は、機械に頼るのもアリだと思います。掃除ならロボット掃除機にお願いする。仕事から帰った時に部屋がきれいだと、そのあと軽やかに動けます。

人の心理なんて意外と単純だったりします。きれいなところはきれいに保ちたい。汚れていたら、「ま〜いっか」と放置。そしてまたモノが増えていくのです。

気をつけて頂きたいのは、部屋が散らかってきたら「私、大丈夫？」そう思って、疑って欲しいのです。精神的な病に陥らないためです。

環境の変化はストレスサイン。誰にでも起こり得ることと思ってください。特にテレワークが浸透した今、家庭を整える大切さが、こころと身体のケアにとって重要事項になってきます。自分を大切にするためにも「片づけ」が必要です。

⑷ 理想の暮らしのイメージを作ろう

お部屋を片づける場合、お客様のイメージをお聞きします。そのイメージによって

■理想のイメージを描く

下記の2つのインテリアを比べても、収納グッズの選び方は違います。片づけには、最初に理想のイメージをしっかりと描くことがとても大切です。

収納家具などを選びます。例えばですが、前頁の2枚の写真のどちらが好きですか？

これはインテリアで分かりやすく伝えていますが、収納方法だって見える収納と見えない収納があります。それにより、やり方は変わってきます。始めのイメージがなければ、提案も曖昧になってしまいます。

ご本人の依頼は、どこに価値を置いているのか？
・短時間で片づく家事時短をメインにしたい
・リゾートのような生活感のない空間が欲しい
・とにかくお金をかけずに生活が回るようにしたい
どうでしょうか？これだけで、頭の中に全く違う風景が広がることがお分かりいただけるでしょう。単純に「きれいにしたい」だけでは形にしづらいのです。

だからこそ、片づけの依頼をする際にはもちろんのこと、自分で片づける時も「理想のイメージ」、「つまりどうしたいのか？のイメージ」がとても大事になるのです。

⑸ 片付かないのは家族のせいではない

・自分だけが片づけている

・家族は使いっぱなし
・どこにある？ と聞いてくる
さて、どこに問題があるのでしょうか。
わりと多いのは、
・家族が使いやすい場所に収納していない
・戻しやすい仕組みがない
・家族が一目で分かるようになっていない
ここが解決されていてなお変わらない状態なら、家族の意識改革をする必要があります。ただ、環境を変えていくと自然と家族の意識も変わっていきます。もちろん、すぐにとはいきません。それまで暮らしてきた長年の習慣を変えるのは、それなりの時間がかかるものです。自分でさえなかなか変われないものを、自分以外の人に変えろと言うのは順番が違います。

まずは、自分が変わりましょう。家族は、その後におまけに付いてきます。「そう！おまけ」くらいに考えておけば、腹が立つこともなくなります。家族円満の秘訣です。問題点の解決は、本書「第六章・未来を変える片づけ」で述べます。

⑹ アンテナが折れていませんか

ダイニングテーブルの上に、たくさんのモノが山積みに積まれている。それを見てもなんとも思わない家族。このような光景はわりとよくある話です。なぜテーブルの上にあるモノを片づけようとしないのでしょうか。それは、家族にとって風景となっているからです。モノを見てはいるけれども見ていないと、このような状況が起こります。

脳にとってモノがたくさんあるというのは、情報を処理しなければならないものが増えることになります。脳はそもそも怠け者ですから、少しでも頭を使わないようにしていきます。また見えてしまうとストレスになりますので、そのストレスを感じないようにする役割もあります。だから、見ているけれど見ていないという状況になるのです。

私がこのことに気がついたのは、転勤族時代の時でした。踏切の音がカンカンうるさいところに住むことになりました。本当にこんなところで住めるのだろうか？　そう思っていたのですが、人間は慣れるのです。音が聞こえなくはならないのですが、小さくなるのです。つまり脳がこの音は要らない音だと判断してカットしているのです。

耳で起きることは目でも起きます。それがダイニングテーブルの上の山のようにあるモノを見ないということになるのです。私はこの状況を「アンテナが折れている」といっています。アンテナは常に立てておかなければ、必要な情報を受け取ることができません。

例えば、何か欲しいものがあったとします。それは欲しいのですから、頭の片隅にいつも置かれている、つまり気になっていると言う信号をONにしています。その状態を続けていると、ふとした瞬間に欲しかったモノや情報を見つけることができるのです。

私が気になっていたのは、実家に置きっぱなしになっていたお雛様。どこかにお渡しすることができないだろうか？ つまり誰かに引き取ってもらえる情報でした。見つけたのは区役所で出している「あげます・もらいます」ボードに貼ってある情報でした。

実家にあったお雛様は、七段飾りの組み立てれば大きさは2畳にもなる昔ながらのものでした。私はこのお雛様の端正な顔立ちがとても好きで、どうしても処分する気にはならなかったのです。だからこそ、どこかで使っていただけるところがないのかなと思っていたのです。そして見事に脳はその情報を探し出しました。

これは気をつけていなければ全く気がつかないのです。頭の片隅に残しておいたからこそ、脳がその情報を検索し続け、そして見つけたということです。

あなたが「所有するモノを生かすところがないだろうか」と思い、そんなに急がないことであれば、頭の片隅に「その気にかけているという情報」を置いておくのはとても有効です。脳はその情報について、ずっと検索をかけ続けるからです。人の名前が思い出せずにいても、しばらく経ってから思い出したことはないでしょうか。これも脳が頭の中をずっと探し続けた結果なのです。

それは私のように区役所の情報ボードに載っているものかもしれませんし、赤の他人のちょっとしたおしゃべりが聞こえてきて、それが大切な情報となるかもしれません。

これは特殊な能力ではなく、誰にでも備わっている能力なのです。そのモノに対する想いの大きさによって違ってくる可能性はありますが、本当にあなたが「なんとかしたい！」と思っているのであれば必ずその情報はやってきます。それを「引き寄せ」と呼んでいる人たちもいるのです。

もっとスピリチュアル的な言い方をすれば、宇宙がその必要な情報をあなたに届けてくれるのです。ただ、いつ届けてくれるかは、私たちが決められることではないので分からないというのが正直なところです。でも、本当に必要なら、必要な時に気がつくようになっています。もし、この本が気になって手に取ったのであれば、あなたにとって今が「片づけ時」ということです。

片づけと脳の働きの関係

部屋の中の状況と頭の中は同じです。頭の中がごちゃごちゃしていれば、部屋も散らかっていきます。モノが必要か不必要かというのは頭で判断しています。頭がいっぱいになっていると、その判断ができなくなります。考えなければいけないことで頭の中がパンパンだと、余裕のスペースがなくなってしまうからです。

人にとっての余裕は、車のハンドルでいうと「あそび」になります。雪道を走ったことのある人であればお分かりになると思いますが、ハンドルに「あそび」のない車はすぐに滑ってしまい大きな事故に繋がります。ハンドルの「あそび」をうまく使って車を運転しているからこそ、まっすぐ進むことができるのです。

あなたの人生にも「あそび」は絶対に必要です。ずっと緊張ばかりが続いていれば、どこかでその緊張の糸がプッツンと切れてしまいます。そんな切れた状態が病気に繋がっていくのです。

知人が40年住み続けた家の処分をするために、半年かけて処分をしていきました。3人の子供を育て、夫の母を看取り、たくさんのモノに囲まれた生活。楽しかった思い出も、苦しかった思い出も全てまぜこぜになっている空間。それをたった半年で片づけたのですが、とうとう体調を崩して倒れてしまいました。

期限が決まっていたためにほとんど廃棄をしたのですが、これはちょっと無茶をした例です。決してお勧めできません。もしやるのであれば、一人ではなくて手伝ってもらう人が必要になるでしょう。誰かと話をしながら進める—これだけで気持ちが楽になるはずです。

倒れた後から片づけのプログラムを作って欲しいと言われたのですが、今回、末巻に「波動片づけプログラム」をつけましたので参考にしてください。

なぜ彼女が倒れたのか?

捨てることはできたものの、捨てるということに当然判断が伴うわけで、気持ちも揺れ動きます。その気持ちの揺れが脳のストレスとなり、脳がパンクをしたのです。

そのために嘔吐まで起きました。モノを移動して体が痛くなったというのではないのです。

疲労の原因がストレスの場合、多くは脳が疲弊してしまうのです。脳が疲弊をすると拒否をします。もともと脳は怠け者です。いかに手を抜けるのかを考えているのです。火事場の馬鹿力と言いますが、あれは脳が火事だから重たいものも持って逃げなければという指令を出すから体が動くのです。自分の体を痛めつけるような指令を、自分の脳が普通に出すわけはありません。省エネをしたいと思うのが脳の本質だと考えましょう。

「部屋が散らかっている方が心地良い」そう言う方がいました。それは脳が楽をしたいからそう思わせているのです。散らかっているのが好きな人はいません。片づいている方が気持ち良いのは間違いないのです。しかし慣れというのがあります。散らかった状態は脳にとってはストレスです。そのストレスを軽減するために、脳は気にならない状態にしていきます。要は脳をボーッとさせるのです。そんな状態で片づけられるはずがありません。

また、汚部屋状態になっていた住人が「私はこの状態が異常だと思っていなかったのです」と言われました。脳が消していたのですね。それまではお友達の家に子供と一緒に遊びに行っていました。お友達の家は人を呼べるくらいですから、片づいていてきれいだったはずです。自宅に帰ってきた時に、自分の家がモノで山のようにあふれ、床が見えないくらいにモノが置かれている。それでも何も感知せず、それが普通の状態だと認識してしまうのが脳の不思議なところです。

普通、床が見えない状態の部屋にいて異常だと思わないなんて、おかしいと思いますよね。でもこれが、脳がストレスを消している状態なのです。だから誰にでも起こりえることです。決して他人事ではないと思ってください。ストレスが強ければ強いほど、これは起こりやすくなります。だからこそ小さなストレスを見つけた時に、つまり部屋が少し散らかってきたなと思った時に、リセットするのが一番心にも体にも良いのです。

脳とこころ（心）の関係

頭と心と体はすべて繋がっています。そして全てが部屋と繋がっているのです。

こころ（心）と頭は、同じとも考えられますが、違うとも考えられます。心で感じたことを脳で言葉に変換していると考えれば同じですが、心を「潜在意識」、頭を「顕在意識」と分けたとしたら話は全く違ってきます。

「痩せたい」と言いながら運動をしないでポテトチップを食べている―言葉と行動が伴っていない状態です。頭では痩せたいと思っているけれども、本音は痩せる行動をしたくないのです。行動なくして痩せるわけもなく、結局口だけで終わるという状態が続きます。片づけに置き変えても同じ状態が起こります。

「片づけたい」「きれいにしたい」でも今は行動を起こさない―顕在意識と潜在意識の争いになっているのです。

この状態の場合、頭とこころの統合を行わない限り、相反するものに引っ張られているので、初めの一歩を踏み出せないことになります。

・なぜ片づけないのだろう？
・なぜ捨てられないのだろう？
・どうすればこの状態を解決できるのだろうか？
・やり方を知っているはずなのにやらないのはどうしてなのだろうか？

この問いかけを自分にすることなく進めるのは、かなり難しいでしょう。

そこで多くの方が頼る方法が収納です。「収納を増やせば片づくのではないか」という間違った認識を持つわけです。この思考のままだと、収納が増えているからといってモノが減るわけではなく、部屋のスペースが減っていくだけなのです。

そしてでき上がるのが納戸部屋。そこもいっぱいになり「さぁどうしよう？」と途方に暮れるわけです。ではどうすれば良かったのでしょうか。

「自分のこころと向き合う」これに尽きます。こころのケアを必要とされる方もいれば、頭の切替えが必要な方もいます。個人によりステージが違うので、一人でできなければコーチングを使うのも一つの選択肢です。色彩心理学を使ったカラーセラピーを用いるのも良いと思っています。

私が何故この２つを始めたのかというと、部屋はこころの現れだからです。イライラしたり、モヤモヤしたりしていると部屋は散らかっていきます。片づけ業者と一緒にモノを減らしていく作業をするのもいいと思いますが、頭とこころの双方が一致していないと、そもそもの整理自体がなかなか進みません。また一時的な片づけに終わってしまい、一か月、二か月と経つごとに元に戻ると言う現象（リバウンド）が必ず起こります。

リバウンドを起こさないためには、やはり自分のこころと向き合うしかないのです。それができるようになると自分の価値観が分かるようになります。何が大切で何が大切ではないのか—この基準ができると整理（片づけ）は圧倒的に早く進みます。

片づけと身体の健康

片づける時に注意することがあります。ふと片づけようかなと思い、なんの準備もなく始めると抜け落ちることがあります。それは「埃への対策」です。

終活も見据えて片づけないといけないと思っていらしたAさん。押入れの中を見直して、いらないモノを処分しようと片づけを始めました、中のモノを出したはいいのですが、長い間放置状態だったために押入れの中は湿気をおびていました。そして埃が舞い上がるという状況でしたが、普段通りに掃除をしながら片づけました。しばらくすると咳が出始め、風邪かな？と思っていたら肺炎を起こしていたというのです。

カビの胞子は細かくて厄介なものです。大量に吸ってしまうと問題を生じます。埃にはカビの胞子だけでなくウイルスもいる可能性があるので、やはり定期的な掃除が必要になってきます。

作業をする際には、状況に合わせてマスクや換気をするなどしないと、健康に害を与えることがあります。家具を動かすと、普段掃除をしていても埃は出てくるものです。それを見越して対策をとりましょう。

メガネをしていると、片づけ作業の後にはたくさんの汚れがついています。私の場合、目のレーシック手術をしてからは、メガネを掛けないで作業をしているので目が真っ赤になることがしばしばあります。

マスクも必需品です。片づけ作業を始めたころは、お客様に対して申しわけないような気がしてマスクをしていない時期がありました。しかし、それによりアレルギーがひどくなったので、今はマスクをつけさせていただいています。無理は禁物。普段お掃除をしていない場所を片づける際には、必ずマスクをつけましょう。

また、お掃除がしやすいように、部屋なら床置きをしない。押し入れなら、キャスター付きの収納を使うなどして、簡単に移動ができ、掃除がしやすい工夫もしたいものです。スノコなどで風通しをよくするのも、有効な対策の一つです。

埃があって良いことは何もありません。埃が原因で、若くても体調を崩してしまう方もいらっしゃいます。自分は大丈夫と過信せずに、身体をいたわってあげましょう。

運気をあげる片づけ

住む環境というのは、生きることにとても大きな影響を与えます。そのために頭とこころを統合させ、自分の心と向き合い、片づけを行うことが大切とお話ししました。しかし、頭では理解してもなかなかできないものです。

そんな時には、目の前にあるモノを片づけることから始めてみましょう。まずは部屋を片づけることですっきりとしていく感覚を味わうのが一番良いでしょう。部屋の片づけは頭の中もスッキリします。普通は整理収納だけでなく掃除もしますので、きれいな環境が整っていきます。当然整えば運は上がるのです。

明階・藤本宏人先生のお話では、会社が理由なく売上が落ちたなら、改善の前に引越しをしなさいと言われていました。目に見えない領域を察知することが大切なよう

です。（明階：世界で唯一の、神社に所属しない高等神職階位）

すべてにエネルギー（波動）があるとお伝えしました。マイナスのエネルギーである使っていないモノや埃がなくなると、自然と運は上がります。さらに運を上げるために風水を使います。埃をかぶった水晶を置いても役に立ちません。盛り塩をしても真っ黒になっている——そんなのは悪い運気しか呼びません。

何をしたいために風水グッズを置くのかを、よくよく考えてから買いましょう。ただ買えばいいということであれば、「壺を買えばあなたは幸せになります商法」と同じではないですか？ 自分でそのようなことをやってはいけないのです。

第3章

金運がアップする片づけ

玄関は常にすっきりとさせておく

玄関は気の入り口です。良い気を取り入れていくためには、すっきりとさせておきたい場所です。靴は汗を飛ばしたら下駄箱にしまいましょう。シュークローゼットがあるお宅は、すぐにしまいます。おもちゃやボールなどを放置してもいけません。ましてや、靴を何足もたたきに放置しておくことなどもってのほかです。常にたたきには何も置かない状態をつくりたいものです。

たたきは掃除をして水拭きをすれば完璧です。たまに水に塩を入れて掃除をすると、気が上がり心地良い状態になります。玄関ドアなども一緒に拭いておけばいいですね。

マンションの玄関は戸建てに比べて小さい場合が多いです。小さな玄関はやはり運気が入りづらいので、ここに玄関があるというような目印があると良いでしょう。

風水対策としては、一対の植物やシーサーなどを置きます。オススメは、ゴールドクレストです。戸建ての場合は門扉があるので、門扉と玄関が一直線にならないようにします。外気が家の中にまっすぐ入ってくることは避けます。

また、玄関までのアプローチがゆるやかに登っていくのが良いとされています。玄関の間口は狭いより広い方が良いのですが、家の入り口側より奥側が広いことが重要です。その奥に運気が溜まるからです。

気は緩やかに家中をゆっくりと回っていくのが良いとされています。アーチなど曲線が好まれるのも、緩やかに気が回るようにするために使われています。

寝室は運をためるとても大切な場所

寝室は一日の疲れを取る大事な場所です。明日の活力を得るためには、寝室を整えることが重要になってきます。不眠症で仕事ができるという人はいません。お金が貯まる家というのは、住んでいる人が元気である—これが絶対条件です。ぐっすりとよく眠るためには、余計なものは置かないようにしましょう。

ヤフオクに出品するのが趣味の方がいらっしゃいました。出品物や梱包材等が寝室に置かれていました。その方は、いつも「疲れが取れない」とおっしゃっていました。寝室に雑多なものがたくさん置いてあると、気が乱れてしまいます。結果、落ち着いて眠ることができません。活力は夜しっかりと寝ることで得られるわけですから、寝室から余計なモノをなくしてすっきりとさせておきたいものです。

また、その人に合った寝る場所というのがありますので、それを知っていると、どこが家の中で心地よく眠れる場所なのかがわかります。

体調が悪い方は、寝る場所を変えてみるのも良いでしょう。本人との場の相性もありますが、寝る場所を変えることで体調が変わり良くなるのであれば、元の寝ていた場所の気がその人には合わなかったのです。

最近は電磁波の出る家電製品も多く使われています。その電磁波によって体調に影響が出る方もいらっしゃいます。配電盤の近くなどは避けて寝ましょう。コンセントも電磁波を出していますので、電磁波に弱い方は対策を取る必要があります。

無線ランをなくしただけで、子供のアトピーが良くなったという話もあります。アトピーで悩んでいる方は、一度試してみる価値があります。

送電線や変電所の近くに住んでいる子供は、白血病になる確率が高いということが医療関係者の間では知られています。できればそのような場所に住まないほうが安全です。これから5Gが進んでくると次々と電波塔が立つと思いますので、家の周りにどんな建物があるのかも気をつけておく必要が出てきます。

北枕を気にする方がいらっしゃいますが、北は頭をよく使う方が頭を休めるためには良い方角です。お釈迦様が寝ていらっしゃる方位という意味で、足を向けてはいけないなどの考え方もありますが、あまり古い言い伝えにこだわることなく、その家の中でどのような状態で寝れば一番心地よく寝られるのかということを考えましょう。

ベッドや布団の位置は、壁からあまり離れない方が頭の上を空気がスースー通ることがなく眠りやすいです。窓のそばも冬は冷気が入ってきますので、その冷気が当たらないような工夫をする必要があります。例えば厚地のカーテンを床までぴったりとするなど工夫をすることができます。ちょっとした工夫で良質な眠りを確保することが可能です。寝具を買い換える前に、睡眠環境の工夫をしてみると良いでしょう。

よく外国映画に出てくる寝室で、ベッドに天蓋がついているのを見かけます。あれはとても理にかなっていて、広い部屋で寝る場所を天蓋によって区切ることで、寝る場所の気が動くのを防いでいるのです。知らず知らずに風水を使っているということですね。心地よさを追求すれば、理にかなったことになるのです。このようなことからも風水は環境医学に通じていると言えます。

トイレには金運アップの神様がいる

トイレの神様という歌があります。べっぴんさんになるかはわかりませんが、トイレは金運に関わります。汚れやすい場所だからこそ、きれいにしておく──この心掛けがとても大切なのです。

トイレには、烏枢沙摩明王《うすさまみょうおう》様がいらして、感謝をして使わせていただきます。元はインドの火の神様で、密教経典にでていらっしゃいます。この世の不浄のものを焼き切る力を持つことから、「トイレの不浄も消してくれる」となったようです。本来はトイレだけでなく心の不浄も焼いてなくしてくださいます。陰陽五行では水が火を制しますから、火が水を制するというのは面白いですね。それくらいお力を持った明王様ということでしょう。

トイレは、他の部屋に比べて狭い空間です。モノを置くことも、収納部分を除いて余りありません。掃除がしやすい場所です。イエローハットの創業者・鍵山秀三郎氏のトイレ掃除のお話しは有名です。男性にとって狭い場所であるトイレは、掃除がしやすく達成感が得られやすい場所です。また汚れが目に見えてなくなるのも達成感に繋がりやすいのです。

それはさておき、客商売で大切なのは顧客が継続してくれるかどうかです。それを推し量るものとしてトイレ掃除があります。きれいで心地良い状態であれば、また使ってみようと思うものです。一流ホテルのトイレは、写真を撮りたくなるような磨かれた空間であることも珍しくありません。

トイレへの心遣いは接客と同様なのです。汚れていれば二度と使おうとは思わないでしょう。繰り返し使ってもらえれば、自然とお金が入ってきます。ご自宅でもお客様が気持ちよくお帰りになり、また来て頂けるようなトイレへの心遣いをすることです。それが金運を呼ぶことに繋がります。

トイレをピカピカにした後には、「オン・クロダノウ・ウンジャクソワカ」と3回または7回真言を唱え、「烏枢沙摩《うすさま》明王《みょうおう》様ありがとうございます」と言います。きっと金運アップに力を貸してくださるでしょう。

風の通り道をつくる

良い住宅というのは風の通り道が確保されています。

設計の段階でどの部屋にも空気の循環ができるような作りになっています。それは風水的にもとても良いことで、それに合わせて気の流れができていきます。風が緩やかに通る家は心地よく、人が生活をするのに笑顔で暮らせる要素の一つとなります。

マンションなどの窓がない部屋については、人為的に風を起こす必要が出てきます。扇風機やエアコンなどを使い、うまく空気の循環をつくっていきましょう。

すべての部屋に空気が回るということは、邪気も溜まりづらく健康的な状態となります。いかに空気の流れをつくるかが大切です。そのためには「余計なものを床におかない」ということがとても重要なことなのです。

壁際にはつい収納を置きたくなります。少しでも隙間が空いていると「ここに何か置けないかな」と考えがちです。しかし、隙間を適宜残すのはとても良いことです。空きがあるからこそお掃除もしやすいですし、高い所の埃も取りやすくなります。

また隙間の美学というと大げさですが、インテリア的にいえば棚の中も詰め込み過ぎずに空間が空いている方が美しく見えます。隙間は心の余裕を表すと思っています。たくさんのモノを並べておくのも楽しいかもしれませんが、棚上に何もない状態にしておくほうがスッキリさっぱり見えます。

心に余裕があるとモノに頼らなくなります。たくさんのモノに囲まれていると、モノに守られているような気がして幸せ気分になるのも確かです。しかし、モノが少ないからこそ自分が見え、自分の価値観が分かる―そんな部屋はその人の個性が現れて、ラグを一枚敷くだけでも、どんな柄を選ぶかで部屋の雰囲気は変わってくるでしょう。

空間があいているからこそ、隙間があるからこそ、自分らしさを演出できるのです。そう考えると、家具で壁を隙間なく埋めるというのはよほど狭い家でない限り考え直した方が良いのではないでしょうか。

隙間があると何か収納しようとする―この習性はモノを減らさずに新たなモノを増やそうする考え方に基づいている行為です。片づけの現場でも、よく「何を買っておけばいいですか？」と聞かれる方がいますが、「買わないでください」と言っています。

どれだけの量になるのかわからないのに収納家具を買うというのは、無駄な出費につながるだけでなく、また捨てられないモノが増えるということになります。まずは減らす↓残った量がどれぐらいあるのかを考える↓そしてどのような収納方法がいいのかを考える、この順番でやらないと上手くいきません。隙間があれば埋めようとする習性を止めましょう。

意識を変えて金運をアップさせる

お金は暗いところが好きです。北側の暗いところで静かなところに保管しましょう。お財布が寝る場所は、私たちが寝室で寝るのと同じような心地良さを提供できれば、とても喜ばれます。

財布の中の領収書は、毎日出します。長財布には、お札を折らずに頭を上にして入れます。逆さに入れると出て行かないという説もありますが、お金に心地良くいてもらうためには、逆さ吊りをするようなことは避けた方がいいでしょう。

自分がされて嫌なことはモノも嫌がります。気分良くいてくれることは、新たな友達を連れてきてくれることに繋がります。減ることよりも、新たに増えることにフォーカスした方が大方の人にとって嬉しいことでしょう。増えなくても十分な方は、気にする必要はありません。

財布の中にレシートをたくさん溜めている方がいらっしゃいますが、自宅に帰ったらレシートは全て出しましょう。できればレシートを財布に入れる癖は止めたいものです。ポイントカードも最近はアプリで持ち歩けるようになりましたので、なるべく入れないようにしましょう。クレジットカードもよく使うもの1~2枚にしておきます。「お金が出ていくものを少なくしておく」と考えましょう。

お札と小銭は別に分けておきます。お札が心地良い状態でいることが、お金が貯まることに繋がります。小銭もたくさん持ち歩かず、毎日一定量にしていきます。小銭だからと馬鹿にしてはいけません。溜まった小銭を銀行に預けると、かなりの金額になります。500円貯金は毎日できなくても、小銭入れを空けていくだけなら誰でも手軽にできます。

お財布を購入する日も重要になってきます。寅の日や己巳の日（つちのとみのひ）、天赦日（てんしゃにち）などを選んで買います。一粒万倍日と重なっているとさらに良いです。お財布を買う日と使い始める日を選んで金運をアップさせましょう。

お財布を購入する日を選んでも、あなたのお金の意識が悪いとお金は溜まりません。

「簡単にお金を稼ぐことは良くない」とか、「コツコツと真面目に働くことが良いことだ」などの意識を強く持っていると、せっかくの金運は効果を発しません。まずはお金に感謝をしましょう。

お金を使う時には「ありがとう。また仲間を連れて帰ってきてね」と一言添えて出してあげるとお金も嬉しくなって戻ってきます。まずはお金と仲良しになることが大切です。「お金さん大好き」と、そのような意識で接しているとお金の扱い方も変わります。お金を大切に扱うと、どこにどのような状態で保管するのが良いのかも考えるようになるでしょう。人によってはお財布の専用布団まで用意される方もいらっしゃいます。そこまでする必要はないにしても、心地良い場所を提供するのは、あなたがお金やお財布に対しての感謝の表れとなります。

お金に関する話と最低限の知識

直接金運アップの片づけとは関係ないことですが、お金持ちが大切にしているお札があります。ご存知でしょうか。今では発行されていない聖徳太子の一万円札？ それもいいですが、今は流通していないですよね。普通に流通しているお金で価値があるもの・・・それは数字です。右下のお札番号です。数字というのは、世界共通の言語です。宗教が違っても同じ数字を使っています。神道でも「七五三」など数字を使い、「米寿（88）」は米を分解すると八十八となることに由来しています。

それで、お金持ちの人が大切にしている番号は？　というと、358です。エンジェルナンバーというのを聞いたことがあるでしょうか。そのエンジェルナンバーの意味が「あなたの金運は最高潮です。成功の扉が開かれています」という天使からのメッセージとのこと。そこから358がラッキーナンバーになっています。ある方は358358と連続番号のお札を持っていました。それだけで金運が強くなるのです。ただし、行動をしないとチャンスはつかめないようです。あなたの手元にやってきたら、金運を高める新たなチャレンジをしてみるといいですね。

次のことも直接片づけとは関係ないことですが大切なことです。

会社勤めの方は年末になると源泉徴収票を貰います。その中身をチェックしたことがあるでしょうか。会社からもらうのは間違いないと思っていると思いますが、案外間違っていることがあります。私は2度訂正をしたことがあります。さすがにお給料はシステム化されていることが多いのですが、年末調整で入力するのは人間です。皆さんも生命保険料控除証明書を提出したことがあると思います。それを元に調整をするわけですが、計算をするのは11月から12月にかけてであり、12月の保険料も払われたとして計算します。そこの問題で、我が家の場合12月の保険料が計上されていませんでした。保険料が全額控除になることを知っていた私は、源泉徴収票を見た時点で「これは違う」と分かったのです。夫の会社に連絡をして訂正をしてもらいました。

2回目は義父の医療控除でした。会社の見解としては、同居していない親の医療控除はできないとのことでした。しかし自分たちが実際に払っている医療費であれば該当するのではないかと思い、税務署に直接問い合わせをしました。そして同居に限らず認めることができるとの回答をもらい、確定申告をしました。これはとても大きかったです。次の年の住民税がほぼゼロになりました。

このように、ほんのちょっと知っているかどうかで税金は変わってきます。自分のお金ですから最低限の知識は身につけておくと良いでしょう。いつも誰かがやってくれる――そのような思考だと気がつきません。源泉徴収票は毎年手元にくるのですから、その仕組みぐらいは知っていても良いと思います。

第4章 人間関係の片づけ

最も強いソウルグループとしての家族

第一章でソウルグループという言葉を使いました。ソウルグループとは、死後の世界で同じ魂の学びをしている人たちが集まっているコミュニティーのことです。つまり同じ課題を持っている人たちの集まりです。

この世に生まれてくるためには、何らかの人に役立つことをすると宣言して生まれてきます。たとえ生まれてすぐ亡くなる赤ん坊であってもです。それは家族の学びのために生まれて亡くなるということを選択している状態です。「なぜこの親のもとに生まれてきたのだろう」と思うことがあるかもしれません。でもその親を選んでいるのは、あなた自身です。

最近、生まれてくる前の世界を覚えて生まれてくる子供たちの話を良く聞きます。映画にもなっているので、興味のある方は見ていただければと思います。お腹の中にいた時のお父さんお母さんの会話であったり、自分の前世を覚えている子供もいます。何度も何度も輪廻転生を繰り返し、その課題をクリアしようと生まれてきます。

そして今、スピリチュアルな世界の言葉で言うと、「地の時代」から「風の時代」

への変わり目になります。また地球が3次元から5次元へ次元上昇をすでにしているため、それに合わせて人間も5次元へと移行していく時期になります。もちろんそれを選ぶか選ばないかはあなた次第です。

今の3次元の世界に残ることを選択する人もいます。5次元に行くためには、愛と光に満ち溢れた世界を目指すことを選択しなければならないからです。3次元は陰陽の世界です。光の世界もあれば闇の世界もあります。私たちの心の中にも光もあれば闇もあります。しかし5次元の世界には光しかないのです。

つまり生まれてきた時の課題をクリアしないと、5次元の世界にはなかなか移行するのが難しくなります。だからこそ、何のために私たちが生まれてきたのかということを心に留めおき、光の世界を選択すると決めることが必要になってきます。そのクリアすべき課題が一番多いのが「家族」なのです。

「なぜこの人と結婚をしたのだろう」と思ったことはないでしょうか。何度も同じソウルグループの魂の人と夫婦になって、やり直しをしていることも多々あります。

人殺しをした人は仏教では地獄に行くと言われていますが、そのようなことはなさそうです。なぜなら、殺された人は以前殺す側だったこともあるからです。つまり立場を変えてその相手の苦しみや悲しみを感じるという課題をクリアしにきているからです。

このようなことを言うと受け入れられない方もいるかと思います。しかし、人類の歴史を見れば、戦争や国の奪い合いの連続です。戦国時代であれば、人を多く殺すことが英雄の条件だったはずです。しかし殺された側はどうでしょうか。立場が違えば見方が変わるのです。このことを学んでいるのだと考えられます。

いじめも同じです。今いじめられて辛いと思っているなら、その前の時には自分がいじめる側だったこともあるでしょう。あまりにも辛くて命を断つ人もいます。もし命を断ったならば、その魂はどのような状態になるのかも学んでいるのです。

人の役に立つと約束をしてこの世に生まれてきているので、自殺は最もしてはいけないことになります。人殺しよりもです。このような生死の仕組みを知ると、「いかに生きていくか」ということにフォーカスが行くと思います。

家族との関係は学びの舞台

人は幸せになるために生まれてきました。決して不幸になろうと思って生まれてくる人はいません。どのような家族であろうが、その中で自分がどのような役割を演じるのか、どのように関わればいいのかを考える舞台が「家族」なのです。

こんな話を聞いたことがあります。生まれてくる前に神様に2つの選択肢を与えられました。一つは親には愛されないけれども五体満足の子供、もう一つは重度の障がい者として生まれるが親に心より愛される子供、どちらかを選ばなくてはなりません。その子供は後者を選びました。どんなに自分の体が不自由であったとしても、親の愛情いっぱいに受けられる家庭に生まれたかったからです。そして、その子はこの世に生まれ、生まれてくる前の選択肢の話を覚えていたのです。

障がいがあり生まれてくる子供の親は、一般的に精神的な格が高いと言われています。そうでなければ、その子供を育てることができないからです。

私は特別養護支援学校の母親たちと幾度か片づけセミナーでお会いしたことがあります。ほんのひと時でも、楽しい時間を持っていただければと思い、お話をさせていただきました。皆さんとても明るくて良い方たちばかりです。不思議に思って、質問をしたことがあります。

「なぜそんなに明るくしていられるのですか？」

その答えは、

「悲しくて、辛くて、涙が枯れるほど泣きました。だから今は笑うしかないんです」

素晴らしいお母さんたちだと、ただただ感心をしておりました。

私自身超高齢出産であったため、覚悟を決めて産みました。たまたま健常で生まれてきましたが、多くの場合は予期せず障がいのある子を授かるのだと思います。ですから突然の不幸が降って湧いたような状態になるのではないかと察します。

その中で夫婦の絆や、多くの困難を乗り越えて今に至っている人たちです。中には夫婦仲が壊れてしまうこともあるでしょう。それでもこのお母さんたちは乗り越えて今を生きています。これほど素敵な方たちはいないと思うのです。そしてこれをクリアしている方は、輪廻転生から抜け出し、新しい世界へと向かうのです。

学びの場が、多くは家族であるということを知っていると、また家族との向き合い方が変わります。少し家族との共通点を考えてみてください。同じ課題が見つかるかもしれません。

親子の問題は早めに片づけた方が良い

親子の問題は、なるべく早く片づけておいた方がいいです。心の壁を持っている人は多くいます。子供の方が一方的に親に心を閉ざしていることもあります。また親が親という形から権威を手放せずに、子供の言うことを聞けない人もいます。あなたがどちら側だったとしても、相手を変えることはできないのです。自分が変わるしかないのです。

もしその関係性を良くしたいと思うのであれば、自分から行動を起こさなければなりません。時間が経つほどに腰が重くなるのは間違いありません。なるべく争いの種が小さいうちに、時間がたたないうちに話し合うことが必要です。

その時には冷静に、声を荒らげずにと決めておかなければなりません。心が波立つこともあると思います。もしそうなるであろうと思えるシチュエーションが想像できるならば、そのシチュエーションを紙に書き出しましょう。すべての考えられる場面、自分の言葉、そして相手の言葉、どのような反応が返ってくるのか―いくつものシミュレーションをしておく必要があるかもしれません。

親子というのは遠慮がないだけに、言いたい放題になりがちです。それが相手を傷つけていると分かっていたとしても、言ってしまうのが身近な親子なのです。そうやってお互いの魂を傷つけあっても、何も良いことは起こりません。自分の本当の心の奥底にある相手への愛情や期待、そして裏切られた時の悲しみを、なるべく感情を交えないようにして話します。

そうやっていても感情は入ってくると思います。でも感情にブレすぎると、相手も感情で返してきてしまいます。なるべくフラットな心持ちで話をしていくと、相手の心の琴線に触れていくことができるでしょう。そんなふうに思っていたのだとか、そんなことがあったなんて覚えていないなど、意外なことが見えてくるでしょう。傷ついている側はずっと覚えています。でも傷つけた相手は覚えていないことが多いのです。

このようなことがあったから自分は傷ついているのです。だからこのような態度をとってきました。今は私は大人だから、その傷を自分で癒し、お互いに理解を深めるために今話し合いに来ています。

このようなことを伝えていただけると良いのではないかと思います。2人だけでは難しいのであれば、第三者を入れて一緒に話し合いをするのも良いのではないでしょうか。自分の心を支えることが難しいと思うならば、その心を支えてくれるような方とともに話し合いの場を持つと良いと思います。

いつまでも相手がこの世に存在しているとは限りません。突然亡くなることもあるのです。その前に、きちんと課題は解決しておきたいものです。相手がいなくなってからでは何も聞くことができません。なぜそのような態度をとったのか相手に聞いてみると、納得できるような場面もあるかもしれません。自分の思い込みだけで恨みを募らせていたのかもしれません。その解消をするためには、やはり話し合うしかないのです。あなたが子供であれば親が歳をとる前に、認知症などになる前に、ぜひそのような場を設けていただきたいと思います。

あなたがもし親であるならば、自分の人生を振り返り、エンディングノートを書いてみてはいかがでしょうか。そこに今までの起きてきた事象を書いていきます。エンディングノートの中には、何歳の時にはこんなことがあったというようなことを記載する場所があります。普通は楽しかったこと嬉しかったことだけを書いていくのですが、もし親子のいざこざを解消するために使うのであれば、どこでどのようにこじれて行ったのかを時系列で書いて振り返るのもいいと思います。

もしあなたがそれを子供に言えなかったとしても、そのエンディングノートに記載されたことを子供が読んだ時に、あなたの気持ちは伝わります。ちょっと遅いとは思いますが、その時にあなたのカルマは解消されることになります。

不要な名刺や個人情報の片づけ

ビジネスでは、名刺交換は当たり前です。名刺が溜まるばかりだという方も多いでしょう。デスクの上に同じ営業マンの名刺が積み重なっているのを見たことがあります。外出している際に来社しましたという証なのだそうです。同じ名刺は何枚もいらないので捨てるという人もいれば、もったいないから本人に返すという人もいました。

常に仕事で繋がっている人は決まっています。ある法人様でコンサルティングをさせていただいた時、社長様が名刺を全て処分することをしました。「名刺の整理もしましょう」とは言いましたが、全部捨てるという暴挙とも思えることをされたのです。

結果、どうなったか。その社長は全く困らないと言われていました。要は、繋がっている人とは、電話帳にすでに登録されていて仕事に支障が起こらないということです。名刺がなくても日常は変わらないということですね。

現代では名刺アプリでの名刺交換もできるようになり、紙の名刺は持ち歩かなくても問題ないし、スマホさえあれば事足りる世の中です。それでも、営業を掛ける時に使えるのではないか？と思われるから捨てられないのでしょう。

名刺は、一年会わない人、顔が思い浮かばない人のものは処分しましょう。名刺もモノの一つです。使わない名刺は使わないモノです。モノにはエネルギーがあるので、使われないモノにはいい波動はありません。かえって悪い影響しか与えないので、一年で処分という方法をとるのです。

繋がる人とは、自然と繋がります。そういうものです。突然SNSで近況を知るとか、道を歩いていたらバッタリ会う、そんな時にはぜひ声を掛けてみましょう。あなたに必要な人だから、あなたの目に止まったのです。

潜在意識がその人との繋がりを必要だよと捉えたのです。だから、繋がったのです。それを信じてみると新たな世界が広がっていくことを体験するでしょう。

電話や住所などの情報を携帯やパソコンに入れている方も多いと思います。名刺の所でも書きましたが、よく連絡を取る方は決まっています。あまり繋がりのない方に関しては、毎年見直しをかけて減らしていくことをお勧めいたします。それにより携帯やパソコンのスペックも空きますし、無駄な情報を詰め込んでおくことは、家に例えれば納戸部屋に要らないモノを押し込んでいるのと同じことです。

いらないものは処分をする。これが基本です。

「仕事は人から来る」と言われています。人脈というのはとても大切ですが、そこに至るまでには信頼があるというのが前提となります。一度か二度、話しをしたぐらいでは信頼には至らないことが多いでしょう。ましてや一年に一度も連絡を取ってない人に関しては、そこから仕事が回ってくることはほぼないと考えて良いでしょう。

SNS等で繋がっている場合は必要だと思いますが、意外とSNSで用事が済んでしまうこともあります。どのような方をリストアップするのかということを考えて、携帯やパソコンに情報を残しましょう。

もし携帯を落としてしまうと、その情報が抜かれる可能性もあるわけです。余計ないらない情報は除いておいた方が後々面倒になりにくいです。持ち歩くような機器については、個人情報を持ち歩いているのだという意識を持って管理する必要があります。簡単に情報が抜かれないように、パスワードをかけるとかＦａｃｅＩＤなどを活用しましょう。

ＳＮＳ時代の新しいコミュニケーション

ＳＮＳではいろんな方が情報発信をし、また不特定多数の人が自分の発信を見ていることになります。特定のグループでの発言であれば許されるようなことでも、公開情報として発信をされてしまうと、この人どういう人なのだろうと思われることがあります。友達申請等発信する時には、言葉遣いもよく考えておく必要があります。

Facebookでは友達申請をいただくことも多いのですが、必ずその方がどのような情報を発信しているのか、住まいや仕事先などを公開しているかどうかなど見させていただいています。あまりにも個人情報を出さなすぎで友達申請をされる方については、どのような人なのか分からないので受けないこともあります。

また友達申請をするのであれば、フォローするのは礼儀ではないかと思うことがあります。また、申請をしながらどんな仕事をしているのですか？ とMessengerで送ってくる人がいますが、それはプロフィール欄も全く読んでいないということですね。

Facebookについてはお仕事で使われている方が多いので、そこも読まずに友達申請をしてくるのは、何を持って申請をしてきたのかわからないと思うことがあります。常に自分の信頼を見られているのだとの意識を持ちたいものです。それは人間関係を維持するためにはとても大切なことなのです。

最近は年賀状を出さなくなった方が増えています。親しい人とはすでにSNSで繋がっているので、あえて年賀状を出さなくてもいいのではという風潮です。

会社での年賀状は出すけれど、個人の年賀状は出さない人たちです。しかし、写真年賀状は根強い人気があります。子供の成長を親や親戚、友達に知らせたいという欲求と家族の記念のようなイメージでしょう。

これからは、どれだけ関わりのある人と繋がっていくのかが大切になっていきます。

通り一遍の挨拶から、気の置けない人たちとだけの交流に変化をしていきます。SNSで繋がっていても、交流のない人が増えてもあまり影響がありません。もし影響を与えたいと思うなら、こまめなコミュニケーションが必要になるでしょう。

コミュニケーションが苦手なら、少人数でも深い付き合いをする—その方が落ち着いた自分を維持できる方もいるでしょう。あなたが、これからどのような人との付き合いをしたいのかの選択をすることになります。

LINEの既読がつくのが負担だと言い始めている人もいます。すぐに返事をしないといけないとかの高校生のルールを聞くと、長く継続できる関係性ではないなと感じます。

大人の関係を続けていくのであれば、深く付き合う人とは、とことん深く付き合い、楽しいことの共有だけできればいいのであれば、それなりの関係性を維持する、という具合に分ける作業をすると明確なカテゴリー分けができるでしょう。

人間関係がストレスになるのであれば、その人とは距離を置くことです。それはあなたの心を守ることにもなるので、自分に素直になることを第一に考えることが大切です。

日本人はホンネと建前を使い分けるのが得意ですが、自分の意思を押し殺しながら生きていくと、自分のホンネが分からなくなってしまいます。そして人間関係だけでなく、未来にやりたいことさえも分からなくなってしまいます。自分があってこその相手です。自分をもっていない人と話しても、相手だってつまらないでしょう。

これからは個性の時代です。絶対こうしなくてはならないというのは、法律に触れることだけです。それ以外なら、リアルでもネットでもできることはたくさんあります。それだけ現在は選択肢の多い豊かな時代なのです。その中から何を選び取るかは、「あなたがどう生きたいのか」にかかっています。

人間関係の片づけは新月の時が最適

月の満ち欠けは、生命の誕生に大きな影響を及ぼします。海にいる生き物は、潮の潮流と月の引力を敏感に感じ取り、魚などの産卵、特に満月の時のサンゴの産卵・放出はテレビの自然番組などで紹介され有名です。

しかし、人間の場合は、計画出産が増え、時間を自然にまかせずに昼間に生まれる子供が増えています。自然の生命の誕生に逆らっているのです。少なくなっている産婦人科医を守るためには、ある程度しかたがないことなのかもしれません。

一方、新月は浄化力が強く、特にネガティヴな感情を取り除くには最適と考えられています。人間関係の精算をしたい場合には、0になる新月の時が揉めることなくすんなりと行きます。くされ縁を切りたい時や過去と決別をしたい時には、浄化の強い新月の時または前日が他の日より良いでしょう。

また新月は物事の始まりをも意味しています。新月から満月にかけて、徐々に月が大きさを増して膨らみ広がっていきます。そのため新月から満月にかけては、「自分のやりたいこと、広げたいこと」を始めたり、繋がりたい人に連絡を取ることなども良いと言われます。

余談ですが、ダイエットも逆に満月から新月に向かう時期に始めると成果が出やすいです。女性の場合は月のものがありますので、それと掛け合わせながら日程調整をして始めると、より良い成果が出ます。生理が終わってからの2週間がエストロゲンというホルモンがでるので気持ちが安定します。またこの期間に運動をするとダイエット効果が上がります。食欲も生理前より穏やかです。

日頃の行為を月の満ち欠けに合わせてみると、以外とスムーズに流れることを実感してもらえます。月齢が載ったカレンダーや手帳も多くありますので、少し気をつけてみると面白いことが起こることでしょう。

第5章 健康でいるための片づけ

スッキリした玄関は健康生活への入口

玄関がスッキリすると、頭が冴えます。

チャクラという言葉を聞いたことがあるでしょうか。人の身体には、身体の中心部を通る気の流れがあり、第一チャクラから第七チャクラまでが肉体内にあります（左図参照）。

いわゆるエネルギーセンターです。このエネルギーセンターが活性化していれば、体調は崩れません。

第7チャクラは宇宙の入り口。人間だと頭であり、場所は頭の頂点になります。玄関を開けたら宇宙が広がっているイメージをしましょう。

額（眉間）は第三の目、第6チャクラ。目に見えないことを察知する部分です。武士が背後にいる敵を見抜く時に、「後ろにも目がある」と言いますが、その際に使っているのが第三の目の部分です。

大切に扱いたいところですが、目に見えないものは意外とぞんざいに扱いがちです。そのために病に陥ることもあります。家相を重視して東南に玄関を作ったら、目の

■ **チャクラとは**

人のエネルギーが集結し、出入りをしている場所。人間のエネルギーはこの「チャクラ」を起点にして、車輪のように絶えずグルグルと回って活力を生み出しています。

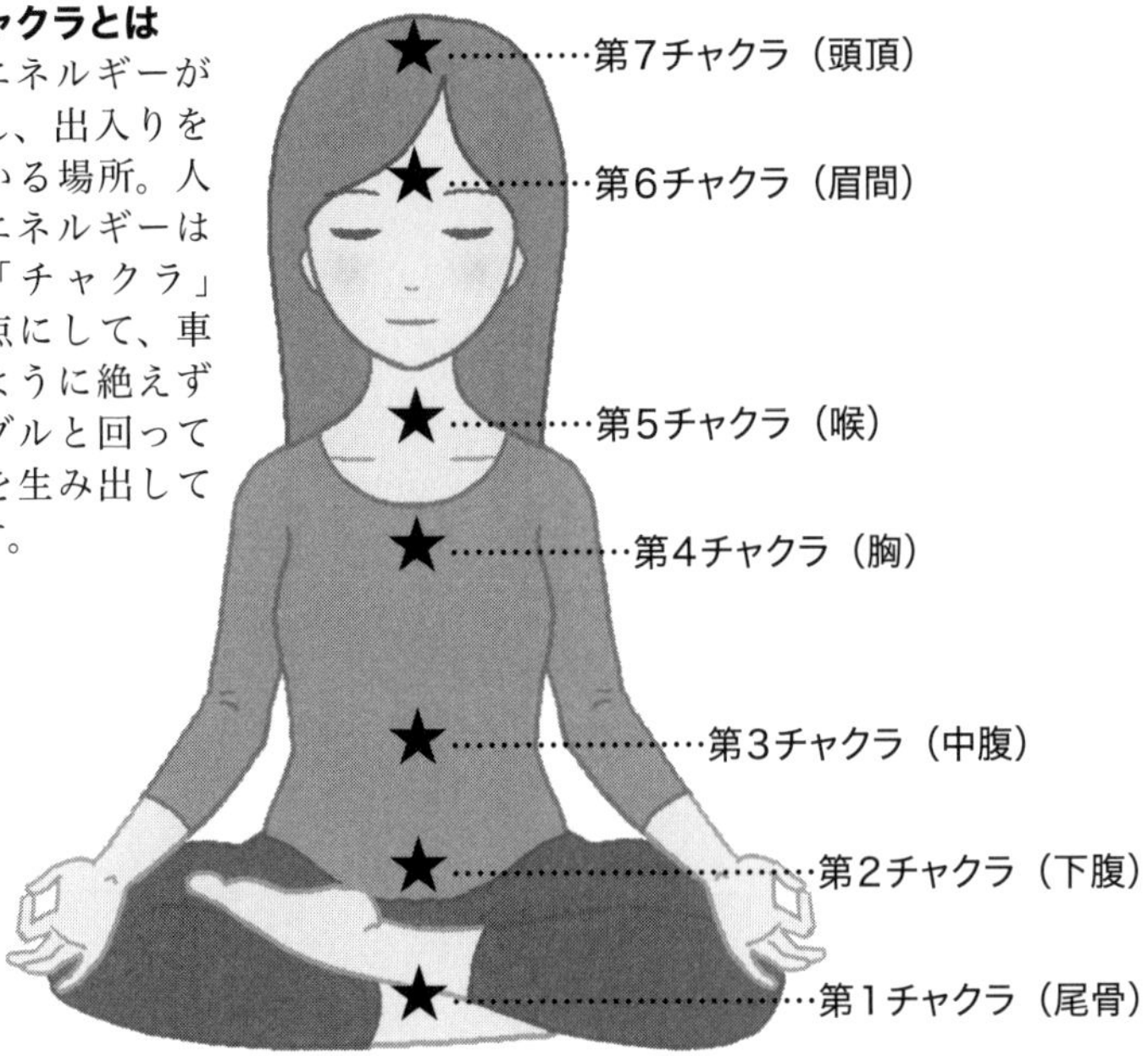

前に隣の家の壁がある。こういうのはマイナスにしかなりません。方角だけで運が開けるのではないのです。それを知らずに家を作ってしまうと、不幸の始まりです。よくご注意ください。

ドアを開けて直ぐに壁があるのは、額をぶつけているようなもの。毎日のことなので、ストレスが溜まって体調を崩しやすくなります。病気にならないとしても、前頭葉が抑えつけられているので活性化しづらいのです。仕事をバリ

▼目の高さに花を飾ることで気分が爽やかに！

バリして豊かになりたいなら、家を選ぶ時には目の前が開けている場所がお勧めです。

既に目の前に壁があって現状が変えられない場合には、目の高さに花を飾りましょう。朝出かける際に、気分が爽やかになります。朝一番がどうあるかで、人生が変わります。

また、玄関の左右が狭いのは、側頭葉を圧迫し思考が広がりにくいので、ある程度の広さを確保しておきたいところです。まずは玄関をスッキリさせて、頭をクリアにしてストレスのない生活を送れるようにしましょう。

クリアにならない時は、片づけの音楽をかけて、余分なモノが頭に入らないようにするとサクサク進みます。あなたの中にいる守護天使が助けてくれるようになります。守護天使は誰にでもついていますが、実感がない方は、気の良い場所に行ってみましょう。自然あふれる場所では気づきやすいです。その場所に来れたことに感謝し、あなたの相棒になってくれたことにも感謝しましょう。両手を大きく上に広げ、呼吸を整えて第7チャクラを開くイメージをします。エネルギーが丹田に降りてきたら、きっとあなたを守るOKのサインです。「ありがとう！」と口にしましょう。

身体と不思議にも関連する家の造作

「最近どうも喉の調子が悪い。風邪を引いているわけでもない。夫や子供も咳をしている。掃除もしているし、何が原因なのかわからないのですが…」こんなご相談がAさんからありました。

その時に頭の中に見えた光景は、廊下に点々とモノが置かれている状態でした。

「もしかして廊下にモノを置いていないですか？」その問いにAさんは、「あ！あります！捨てようと思って置きっぱなしになっているものとか、生協の箱など…」。さっそく帰宅してから片づけられました。それ以降、不思議と家族の喉の調子の悪さは消えたそうです。

科学的に考えれば、廊下に置かれたモノに悪さをする埃やウイルスが付着していたということになるでしょう。しかし、なぜ喉なのかは当てはまりません。家族全員が喉に不調をきたすのは、やはり廊下という場所が関係していると考えられます。玄関が頭であれば、日本の場合は廊下は喉にあたります。身体と部屋の場所で健康について思いを巡らせてみると、意外と不調が解消します。

ある方の場合、なぜかいつも頭痛に悩まされていました。片づけの場所をどこから始めようかとお話させていただき、その方のお気に入りのリビングの真上にあるお部屋から片づけ、仕事部屋に作り替えることにしました。

ほぼ納戸部屋状態だったのを、必要なものだけにして棚にきれいに収めました。すると奥様が、その日から頭痛がなくなったというのです。頭痛の話は事前に聞いていませんでした。頭痛を治そうとして二階を片づけたのではありません。片づけた結果、頭痛がなくなったのです。

つまり、以前のリビングには、二階の負のエネルギーが降り注いでいたのです。使いもしない、手入れもされないバッグやトランク、その他雑多なモノたちが溢れ、ご夫婦のモノが入り混じった状態でした。

ご夫婦それぞれが管理できるように分けて、奥様の仕事部屋を作りました。不要なモノをなくしたことで、奥様のエネルギーが「パン！」と天に直接届くようになったのです。特に理由がないのに身体が不調な方は、天から「片づけなさい」と言われているのかもしれません。

階段にモノを置くのはあらゆる意味でNG

よく戸建ての家にお伺いすると、階段に点々とモノが置かれていることがあります。これは災害時にはとても危険です。ご年配の方ほど置かれていることが多いので、さらに危険度は増します。二階に寝室を置かれている方も多く、地震などの避難の際には邪魔になりますし、怪我や事故に繋がります。

風水的にいえば、一階から二階に気を回していきたいのですが、途中で止められているような状態です。せっかく一階はいい気が流れたとしても、寝室に行き着かないのであれば運気は上がりません。階段はモノを置く場所ではないので、何も置かずに掃除をしやすくしておきましょう。

モノがあれば掃除すらしなくなってしまいます。人の意識は、きれいなところはきれいに保ちたい、汚いところは放置しても平気になります。そのことを忘れずに収納するか処分するかを判断しましょう。

筋力を維持する玄関の上がり框《かまち》

バリアフリー住宅が流行っています。高齢になると、住宅内で怪我をすることが多いからです。外は気をつけて歩いていますが、自宅だとわかっているという意識が働くからです。1センチくらいの小さな段差が最も危険です。足先が上がっていないのに上げたつもり、そして転倒、骨折。下手をすれば寝たきりになる場合もあります。それを防ぐためにバリアフリーが推奨され、住宅を建てる際に税金の優遇措置などもあります。

歳をとってからの建て替えやリフォームであれば、バリアフリー住宅もいいのですが、玄関については足が上がらなくなった時に変えた方がいいと考えています。なぜなら、歳を取ると筋肉が落ちやすくなり、玄関の上がり框《かまち》を毎日出たり入ったりして、しっかりと上がることが筋肉運動になるからです。

玄関は上がるもの、という意識が日本人には身についていますから、段差があることが前提になっています。靴を脱ぐ習慣から、たたきの内と外は別の構造になっています。それを維持できるのであれば、そのままにしておいてはいかがでしょうか。

実際、私の実家の玄関は、まだバリアフリーになっていません。股関節を骨折した母は、デイサービスから帰ってくると、新たに設置した手すりを頼りに上がり框を上がっています。いいリハビリになっていると感じます。幸いにも、病院から戻ってからの回復は、とても早いです。車椅子も要らなくなったので、借りるのを止めました。福祉器具を扱っている業者さんは、母の歩き方を見て「要らないですね」と持ち帰ってくれました。今お元気なら、健康維持のためにも玄関はバリアフリー不要にすることをご提案します。

モノの量を減らして家に良い運気を！

超高齢社会になり、人生100年と言われるようになりました。若返りのサプリも市販されるようになり、120年は生きられると言われています。

実際に幹細胞の若返りをしている方もいて、60代でもお肌は30代のようにツヤツヤしています。血管年齢が20代になった方もいます。お金があれば健康が買える時代になったのです。しかし、言うまでもありませんが高額な費用を払える人は、そう多くはありません。であれば、普通に暮らして100歳まで元気に過ごしたいものです。

日本人は世界的にも長寿ですが、健康寿命は平均寿命より9・4年短いのです。逆をいえば介護状態が9年です。この期間を短くして、自立しながら生活ができることは生きがいにも繋がります。

身体は正直です。やればやっただけ結果が出ます。特にダイエットと片づけは共通することがたくさんあります。「歳を取るなんて、まだまだ先のこと!」そう思っているあなた、ダイエットなら興味が湧きますか? 100歳まで元気でいるにはメタボではダメですよ。

部屋もモノをため込むとメタボになります。本を山ほど持っているある方は、本を二階の中央に置くと二階の床が落ちると、部屋の四隅に置いています。これではどこに何の本があるのか、とても把握しづらいですね。そのようなことのないように一箇所で管理できる量にしましょう。そのためには、何のためにその本を持っているのかを自分に問いかけてみます。本は知識を得るためのアイテムです。しかし、置いてあるだけでは知識が身につきません。後で読もうと思って読んでいない—これでは意味がありません。3年も経てば本に埃がつき、紙には小さな白い虫がつきます。

転勤族だった頃、移動するたびに本を陽に当ててから段ボールにしまっていました。虫を新しい家に持っていきたくないからです。2〜3年おきの引越しでさえ虫がいたのです。もし長い間、本を保存しておきたいなら、虫干しをしないと必ずと言っていいほど虫を飼っていることになります。

正倉院でさえ虫干しをするのです。本が大好きで持っていたいなら、虫干しをしない理由はありません。着物も同じです。管理できないなら量を減らしましょう。それが本や着物に対してのエチケットだと思います。

私たちは、つい自分を中心に考えますが、本を主役として考えたならば本たちはどのように感じているでしょうか。埃だらけで開かれることもない本。本は読まれるために生まれてきたのです。もしあなたが誰にも声をかけられることなく、無視をされていたとしたならどう思いますか。

モノにはエネルギーがあるとお伝えしています。本に感情があるとは思いませんが、大切に扱っているモノにはいい気が宿り、放置されているモノには悪い気が溜まります。だからこそ手入れをする必要があるのです。その手入れを怠るのであれば、今ある量はあなたにとって多過ぎるということです。管理できる量にしましょう。常にいい気が家の中を循環していること。これが健康でいられる大切な秘訣なのです。

鬱《うつ》症状などの精神疾患と片づけ

テレワークが定着しつつある現在、家にばかりいるので家族とのコミュニケーションや会社の人間関係に変化が起きています。

コミュニケーションが苦手な方は、鬱《うつ》症状傾向に陥ることになりがちです。こころの問題なので難しいところですが、鬱《うつ》状態は特別な人だけがなるものではありません。ふとした瞬間に鬱《うつ》状態なっている—本人にすれば、そんな感じなのです。

だからこそ身体と部屋の関係の項目で書いたように、住環境は人に大きな影響を及ぼすので、ストレスに負けない工夫が必要になります。それは、日頃から自宅の環境を整えておくことです。外の人間関係は直ぐには変えられませんが、自分が心地よく暮らすための自宅改造は一人で直ぐにできるのです。

いったん鬱《うつ》状態に陥ると、自分一人で脱出するのは難しくなります。家族の協力と職場の理解がどうしても必要になります。本人が「変わりたい！」と思うのであれば、こころある片づけのプロであれば、いくらでも協力をおしまないでしょう。

実際、鬱《うつ》、統合失調症、パニック障害、そのような方々とご一緒に片づけたことがあります。あくまで私たちは協力者であり、主役は自宅に住まわれている方です。捨てないと言われれば捨てることはありません。一般の方で誤解されている人もいらっしゃるようなので、そこはご安心ください。ただし、ご要望の部屋にするには、減らさないとできないこともありますので背中は押します。それが嫌なら、嫌だと言えばいいのです。言ったからと怒ることはありません。

疾病を抱えている人には、いろんな段階の方がいらっしゃいます。経験豊富な片づけのプロであれば、そこは心得ているはずです。始めからカミングアウトしておくと、それなりの準備をして対処してもらえると思います。対応できないと言われれば、他の方をご紹介してもらえばいいだけです。決してあなたを否定しているわけではありません。経験と知識があるかないかの差だけなのです。断られるとマイナス思考になってしまわれる方もいらっしゃいますが、あくまでもあなたが主役なのです。相手が対応できなかっただけです。

相手のスキル不足と思えば、気持ちも楽になるでしょう。ポジティブにとらえてください。こころの健康を守るためにも大事なことです。視座、視野、視点…、どこかを変えると世界は広がります。楽しかったこと、嬉しかったこと、新しく気づいたことを毎日一つ数えるようにすると、その考え方が分かるようになるのでお勧めです。

癌とこころの片づけ

長寿になったことも関係して、癌になる方が昔より増えています。ここ数年は死亡原因のトップです。癌は単純に細胞のコピーミスが起こることから始まります。普通はＮＫ細胞（免役細胞）が不完全な細胞を取り除いていくのですが、年をとると元気がなくなり全てを取り除くことができなくなることがあります。その正常ではない細胞が増殖した状態を癌といいます。癌になる要因は様々ありますが、その中で自分で自分を守れることがあります。それはストレスを取り除くことです。

今まで癌を克服してきた方の話を聞いて思うのは、生き方を変えた人は治るか、悪化させない状態で癌と共存しているということです。もちろん絶対ではありませんし、医学的見地からは違うと言われるかもしれません。でも、確実に癌が消える人も存在しています。

例えば、いつも職場で怒りながら仕事をしていた店長さん。癌になったことを知り、怒るのを止めようと決心しました。部下にも家族にも怒ることを止めたのです。そうすると不思議なことに癌は小さくなって、やがて消えてしまいました。

癌に限らず、病は「生き方を変えなさい」というサインなのかもしれません。少なくとも身体は正直なので、どこかしら無理をしている自分を見直すタイミングであることは間違いありません。「なぜこんな目に合うんだ！」と怒るよりも「どうしてこんなことが起きたのだろう？」と考えた方が癌を治すことにつながるのではないでしょうか。

また、癌は人に感染《うつ》ると言われます。家族なら、体質・食生活が同じということもありますが、それ以外でも感染るようです。はっきりとしたエビデンスはありませんが、エネルギーを受け取れる人だと癌の人がいる側の頬が熱くなるという方がいらっしゃいました。

癌の診察をする先生も、担当している臓器の癌にかかりやすいと聞いています。どこまで本当なのかはわかりませんが、同じ考え方をする人なら同じようなストレスを抱えている可能性は大です。ここについても「こころの片づけ」が必要となります。
・いかに正常な状態をキープできるか
・ポジティブな思考回路で過ごしているか
・笑顔で過ごす時間がどれだけあるか
普通のことですが、毎日のことなのでとても大切なことです。

笑顔は口角を上げるだけでも効果があります。脳は単純なので口角を上げるだけで笑ったと認識します。それによりストレスホルモンが下がります。口角を上げるだけでストレスが軽減するなら使わないのはもったいないないですね。

ストレスからいうと、畳の部屋で寝ていて癌になった人のほとんどが、枕元にタンスがありました。圧迫感もありますし、地震が起きた時を考えると恐怖感も感じてしまい、自分では気がつかないうちにストレスをかかえています。

また、防虫剤やクリーニングの袋についている有害化学物質を吸っていれば、免疫力が低下します。揮発性の薬剤は目には見えませんが、毎日吸っていればタバコと同じ理屈で身体によくありません。寝室にはタンスを置かない方が良いでしょう。

香りで片づけの気分をコントロール

身体の信号は、ほとんどが神経を通り脳にたどり着きます。しかし香りだけは、ダイレクトに脳に到達します。小動物だった頃のなごりだと考えられますが、敵を察知するには匂いが重要でした。そのため、最短の経路として神経を伝わることなく脳にいくようになったのでしょう。

香りは0・2秒以下で脳に伝わると言われています。痛みなどは神経を通るので0・9秒くらいかかるというのですから、その速さがわかります。

香りは影響が大きいわりに穏やかに人に作用します。認知症にも効果があるとの研究結果があるように原始的な部分に作用するので、上手く取り入れていきたいものです。

ちなみに、認知症の方が夜ゆっくり寝るためには、ラベンダーとオレンジ、昼を活動的に過ごすにはローズマリーとレモンが良いとの研究発表が鳥取大学からされています。

オレンジに含まれるリモネンは、身体を温める作用があり血行促進を促し眠りを誘います。ラベンダーはリラックス効果があり、神経性の緊張をほぐす代表格です。また抗炎症作用もあり、面白い効能としては脱毛予防にもなるそうです。

ローズマリーは、料理にも使われるのでご存知の方も多いでしょう。シソ科で肉の臭み取りになり、ハーブティーとしても売られています。不安を和らげる作用や抗酸化作用、血流改善効果などがあります。

レモンは、リフレッシュ作用、リンパの流れ改善などがあります。片づけをする際に使うと、やる気がでるかもしれません。疲れたらラベンダーというように使い分けられますね。

モノの判断、要る・要らないは、かなり頭を使います。調子に乗って片づけている時はローズマリーやレモン、迷っている時はラベンダーやオレンジで自分を癒し、気分を香りでコントロールしながら片づけのやる気を維持していくのもいいでしょう。

音は波動、片づけ音楽の効果

音は、波動そのものです。音波と言われるように音の波です。音波は狭義では人間や動物の可聴周波数である空中を伝播する弾性波をさします。この波を耳の鼓膜が揺れることにより音が認識されます（Wikipediaより）。

音楽療法というのがあります。ストレスから様々な病に陥るのですが、心地良い音楽を聴くことで自律神経が整い免疫系統にいい影響を与えます。

瞑想が世界的に流行っていますが、その際に心地良い音楽を流しています。別に瞑想するのに音楽が必要なわけではありません。しかし、その効果をアップさせるためには心地良い音楽を流しておいた方が精神的に落ち着き、他のことを考えなくて良いという利点があります。

２０１５年に「片づけ天使音楽」をつくりました。アイ波動研究所の浅川和江様よりリーディングをしていただき、光と音の天使からの声を伝えていただいたからです。その音楽を知り合いに聞いてもらい、実際に片づけ作業の時にどのような効果があったのかを実験してみました。82％もの方が「片づけ天使音楽」を聴いているとサッサと片づけられるという結果がでました。

２０１９年にはクラウドファンディングを活用して、プロの方に編曲演奏していただいています。この音楽には「月の波動」を特別に入れていますが、音楽を流しっぱなしにして片づけを進めていると「何も考えずに黙々と進めることができた」と多くの方々から喜ばれています。

また「頭で考えないでなんとなく手が動いている気がします」「迷わずにものを手放せます」などの感想もいただいております。音楽には不思議な効果があるのです。

片づけが進めば環境は整っていきますし、掃除もしやすくなります。当然心地よくなります。きれいなところはきれいに保つという人の習性から埃はなくなっていきますので、健康には良いことずくめなのです。健康な日々を暮らすには、床置きをなくし、サッと掃除ができる環境をつくるのが一番なのです。

※片づけ天使音楽URL
http://bit.ly/3uYTjlk
（東北震災孤児への寄付になります）

第6章

未来を変える片づけ

未来の描き方

これから未来を考えていきます。

個人ワークになりますので、サポートがないと難しいかもしれませんが、ぜひトライしてみてください。

紙と鉛筆を用意しましょう。

では、スタートします。

■どんな部屋で過ごしたいですか?

あなたの理想の暮らし方は、どんな部屋で、どんな格好をし、どんなことをして過ごしているのでしょうか。

未来を思い描く時に、今の延長線上で思い描く方法と、自分の在りたい姿を思い浮かべる方法があります。まずは、今の延長線上の方がイメージしやすいので、そのワークをしていきます。

ワーク①
今住んでいる家で好きな場所はどこですか？
なぜ好きなのですか？ 理由を書いてください。

今その空間にあなただけがいます。家族のことは考えずに、どんなことでもして良いとするならば、どんな変化をその部屋に与えるでしょうか。

壁紙の色を変える、家具を変える、カーテンを変える、ファブリックを追加する、生花を飾る、大きな観葉植物を置いてみる、すべて物をなくしてみる、床にラグとビーンズクッションだけを置いてみる…。

あなたの好きな風景はどのようなものでしょうか。なるべく具体的に、なるべく詳細に、あなたの頭の中に思い浮かんだ映像をそのまま絵で描いたり、言葉にして書き留めてみましょう。あなたが本当に望んでいるお部屋が出現するでしょう。

ではその理想のお部屋に近づけるためには、今目の前にある景色のどこを、どうすればいいでしょうか。足すモノだけでなく引くモノもたくさんあるのではないでしょうか。まずは引き算をするところから始めてみましょう。
簡単に取り除けるものは何でしょうか。初めの一歩は小さなモノでも構いません。まずは「これは未来にないな」と思うものを減らしていきましょう。そこからあなたの理想の部屋づくりが始まります。

■反転のイメージ

今住んでいる部屋で、好きな場所はあまりないという方は、反転イメージから始めましょう。

ワーク②
一番嫌いな場所はどこですか？
その理由はなんですか？ 理由を書いてください。

・収納が足りないからですか

・使いづらいからですか
・モノが多すぎて手付かずになっているからですか
・素材や手触りが嫌いなのでしょうか
・匂いはありますか
・音はどうでしょう。うるさいですか
・モノが減ったとしたならばどうなるでしょう。気分は変わりますか

今置いてあるモノがあなたの人生を作っているのです。そのモノからのエネルギーは、あなたにとって心地良いものでしょうか。もし心地よくないと感じるならば、それを手放してみましょう。想像上で構いません。

そのモノがなくなったとしたならば、あなたの感情はどのように変わっていくでしょうか。一つずつ消していってみてください。壁際にずっと並んでいる家具一つ一つです。

・本当にその置かれているモノたちは活用されているでしょうか
・後で片づけようと思って、そのままに放置していたモノではないでしょうか
・お掃除はできているでしょうか

・ほこりは溜まっていないでしょうか

そのようなモノは一つずつあなたの生きるエネルギーを奪っているのです。あなたが元気で笑顔で過ごせる環境は何があれば充分でしょうか。あなたの笑顔を阻んでいるのは逆に何でしょうか。あなたがそれを見て楽しい、嬉しい、心地良いと思うモノだけまた戻してみましょう。

いくつ消した中から戻ったでしょうか。もし戻ってこなかったとしたならば、家具ごとあなたにとってはいらないモノなのかもしれません。

・なぜそこに置いているのか
・何のためにそのモノを手に入れたのか

もう一度考えてみましょう。それを紙に書いて読み上げてください。本当に必要なモノは何なのかを見つけ出すことができるかもしれません。

■理想（在りたい姿）を描く

もう一つの方法を試します。ちょっと高度なテクニックが必要になります。一人では難しいので無理をしないでください。

ワーク③

目をつぶって想像の羽を広げてください。少し未来に行って自分を見に行きます。呼吸を整え、リラックスして楽な姿勢で口角を少しあげます。潜在意識への旅です。

まずはお試しで過去に行きます。どんな感じか試してみましょう。一年以内で一番楽しかったことはなんでしょうか。一年で見つけられない場合は、もっと遡ってもOKです。目をつむり、自分の人生のタイムラインを思い描いてください。その楽しかったところにスッと行き、上からその時の自分を見てみましょう。

・どんな景色が見えますか
・誰と一緒にいますか
・どんな表情をしていますか
・どんな匂いがしていますか
・何か感触はありますか。柔らかい？ 硬い？

・音はどんな音が聞こえますか
・誰の声が聞こえますか
・風の音ですか
・花の香りですか
・ふわふわした感じですか
・色はどんな色が見えますか

とにかく見えたことを口に出してみましょう。細かな部分も、全てです。楽しかった、嬉しかったその気持ちを十分味わってください。そして、その楽しかったことを10倍に膨らませてください。10倍になったら、その感情を自分の掌に乗せておにぎりを握るようにギュッと圧縮し、その圧縮した感情を見て、「私はこれが大好きなんだな」と思えたら、胸に押し当ててハートにしまいます。ギュッと押し込みます。体の細胞一つ一つに行き渡るイメージをします。

できましたか？ではタイムラインに乗って、現在に戻ります。ゆっくり目を開けてください。今どんな状態でしょうか。幸せ気分いっぱいになっているでしょうか。

今度は未来に行きます。これから三ヶ月後、半年後、一年後、あなたはどんな部屋で暮らしているでしょうか。行きたい時空まで、またタイムラインの上をス～ッと移動します。あなたの目に浮かぶ景色は、どんな景色でしょうか。

・誰と一緒にいますか
・一人ですか
・どこにいるのでしょうか
・リビングですか
・玄関ですか
・今帰ってきたばかりでしょうか
・手には何を持っていますか
・どんな服を着ているでしょうか
・床の色は何色でしょうか
・カーテンの色や柄はどんな感じですか
・キラキラと明るい光が差し込んでいますか
・それとも夕日でしょうか

・ペットはいますか
・壁には何が飾ってあるでしょうか
・絵ですか
・どんな絵でしょうか
・収納は見える収納でしょうか
・隠す収納でしょうか
・音楽は流れていますか
・どんな音楽でしょうか
・香りはしますか
・あなたがつけているフレグランスかもしれません
・テーブルに飾った花の香りかもしれないですね
・なんの香りでしょうか
・お料理の美味しい匂いかもしれません

あなたが見た未来は、感覚が研ぎ澄まされていればいるほど、あなたをその未来に連れて行きます。脳にとって、未来も現実もありません。あなたが感じたことが、今

ワーク③の音声版「あなたの未来の部屋が見えるタイムスリップ音声ファイル」のご案内は本書155pにあります。

の全てです。もし現状を変えたいのなら、未来を明確に思い描くことです。そこから変革が始まります。

未来と現在とのギャップ

ワークや未来体験で住みたい家のイメージがしっかりできたら、現状を変えていきます。

未来の部屋には、床置きはありましたか? たぶんないですよね。スッキリした美しい部屋だったと思います。大概はモノの多さが、スッキリしているかどうかに関わっています。

まずは使っていないモノ、未来になかったモノを減らしていきましょう。モノは使っているかどうかが基準です。一年以上使っていないモノは、未来の景色になかったならば、あなた自身が手放したモノなのです。誰に強制されることもなく、あなたが判断したいらないモノなのです。

インテリアは、何風だったでしょうか。そこに焦点を当て、今あるモノの中から同じ系統のインテリアだけ残していきます。もしかしたら部屋ごとにテーマが違うかもしれませんが、見てきた部屋の中の片づけをしていきます。未来も今と同じ家だと思えたならやりやすいはずです。

引っ越しやリフォームしたようであれば、近い将来に起こる出来事なのかもしれません。潜在意識は時空を超えます。理想の未来を、あなたはすでに手にしているのと同じです。後は行動を起こすかどうかだけです。

地球は「行動の星」と言われています。行動しなければ現実にはやって来ません。小さな一歩でいいので始めてみましょう。まずはあなたに必ず変化が起きます。そして環境を整えることで家族に波及していきます。そのためには、あなたが変わることです。

片づけの期限を設ける

今日から片づけようとスタートの日が決まったら、終わる日も決めておきましょう。計画がないとダイエットと同じでいつまで経っても結果が出ません。

「すべての部屋の片づけが全部終わるまで」というような大きな計画を立ててはいけません。どれぐらいの時間で片づけられるかもまだ分からないわけですから、小さなところから始めて、どのくらいの時間がかかるかを把握していきます。

例えば、デスクの引き出し一つでも、片づけるのにある程度の時間が必要です。モノを減らすだけであればさほどの時間はかからないでしょう。しかし、仕切りなどの収納用品を何にしようか、100円ショップに買いに行くのか、ネットで購入するのか、などと検討する時間も必要になってくるのです。

収納グッズについては別に書くとして、ある程度自分の片づけの速さがわかったら人を招く日を決めます。期限を設けるのです。それまでに片づけると宣言していくのです。

家庭訪問で先生が自宅に上がっていた時代には、何がなんでもその日までに玄関とリビングくらいはきれいにしたはずです。最近は子供の自宅の確認だけして、声さえかけない学校があるようです。かつては子供の生活環境を知るためには、その親に会って話をすること、そしてどのような生活環境なのかを知ることが先生にとって大切な情報源でした。落ち着きのない子供の家庭では、テレビをつけっぱなしで親が先生と話をするというケースもあったと聞いています。

生活環境は、人格形成に影響を及ぼします。風水では朝起きてすぐ目にするものが何であるかで、人生は変わると言います。干しっぱなしの洗濯物を見て「あ〜畳まなくっちゃ」と起きるのか、美しい花を見て「よし頑張ろう！」と起きるのかの違いですね。

日々インストールされていく光景は、小さい子どもほど影響が大きいのです。学校では玄関先での対応で良いとしていても、どうぞお上がりくださいと声をかければ先生は部屋に上がります。人にいつでもどうぞと言えるようになりませんか？　そのためにも、お茶会などのセッティングをして期限をつけましょう。意志が弱い人ほど逃げることができないように、お友達に声をかけておきましょう。

収納用品選びは慎重に

モノが減ってからでないと収納用品を買ってはいけません。どれぐらいの量になるのか分からないのに、収納用品を先に買ってしまっては無駄になるだけです。お金も空間も、そして買いに行った時間も無駄になります。

よくあるのが衣類を収納するための引き出し収納を、セールだからといって深さのある収納家具を買ってきてしまうことです。衣類収納は立てて収納しますので、あまり深いと使いづらく、維持継続も難しくなります。

収納用品にはそれぞれの特徴があります。単純に季節のものを保管しておくだけのものであれば深さがあっても問題ないでしょう。しかし日常使いをするのであれば、深さ（高さ）がとても重要なのです。

キッチンの引き出しについても、どのぐらいの高さがあるかで収納用品選びが違ってきます。きちんと把握をしてから購入しないと無駄になります。

まずはどれぐらいのものを、どのような収納方法で区分けをすれば良いのかということを、モノを減らした段階で図面を描いてみましょう。図面というと難しく感じるかもしれませんが、キッチンの引き出し図のどこに何を収納すれば楽に使えるかを考えて配置していくだけで良いのです。

お弁当を作れるのであれば簡単にできるはずです。お弁当は栄養や色合いなども考えますが、収納は使い勝手だけです。縦横何センチ、高さは何センチのものがぴったりと合う。そのようにしっかりと計測をしてから、収納グッズを購入すると間違いがありません。

よくお客様のところで見かけるのは、多分使うであろうと考え、サイズを確認しないで適当に収納グッズを買ってきてしまうことです。結局そのようなものは、どこにも使えないということが多々起こります。

また今後増える予定のあるものは、後で買い足せる定番品を使う必要があります。その時だけのセールでしか買えないものを買い揃えていくと、色やサイズが異なり雑然とした印象になります。また積み重ねることもできないので使いづらくなります。

転勤族などの引っ越しを常にするような方は、縦にしても横にしても使えるようなカラーボックスを持っていると重宝します。その家の間取りによって使い分けをすることが可能となるからです。今はネットでいろいろなサイズの収納用品を探すことができますので、ぜひあきらめないで探してみてください。

なんでも捨てない、捨てて後悔しない

実際に片づけが始まると最初は捨てられないと悩みますが、一定の時間を過ぎるとテンションが上がる方がいます。「あれもいらない」「これもいらない」と本当にいらないモノならいいのですが勢いで処分する方がいます。これは止めてもらいたいです。

「何故？ 捨てるのが初めの一歩だと言ったのに！」と思いますよね。実はこれが一番危険なのです。処分すると決めているうちにそれが快感になってしまって、全て捨てたくなることがあります。しかし、後になって後悔をするのはこのパターンです。「あの時、捨てなければ良かった！」これがさらに捨てられないという気持ちを強くしてしまいます。

片づけが苦手な方ばかりのセミナーで、捨てて後悔をした人の割合は3割にものぼりました。つまり後悔をしてから捨てられなくなった人たちです。「もしかしたら使うかもしれない」というモノは、その時に判断しなくてもいいのです。過去一年という期限を設けていましたが、今から一年でも問題はありません。その場合は、収納した箱に一年後の期限を記載しておきます。言うまでもありませんが、始めから全て一年後にするのはNGです。

一年後にその箱に残っていたモノは一度も使われずにいたモノなので、その時に処分します。この箱から出て行ったモノは使ったものですから、必要なモノになります。

ポイントは、テンションが上がってきたなと思ったら、「これどうしようかな?」と思ったモノは捨てずに段ボール箱に取り置いてください。数日経って熱が冷めた頃にもう一度見直します。この時にやっぱりいらないと思ったモノは、二度もいらないと判断したのですから、その後後悔することはないでしょう。

片づけは有効な子育て教育のひとつ

片づけを始めようとすると、自分のモノではなく家族のモノを捨てようとする人がいます。これは最もやってはいけないことです。家族とはいえ他人のモノを勝手に処分するというのは喧嘩になるだけです。逆の立場になったら分かると思いますが、自分の意見も聞かずにいらないモノとして自分のモノを処分されたらどんな気持ちになるでしょうか。

子供のモノを片づける時には、そのモノに対する子供ならではの思いを大切にしてください。何が大切で何がいらないモノなのか、子供ならではの判断があるのです。

親が勝手に判断してはならないのです。必ず子供と一緒に片づけをしましょう。一つ一つの「いる」「いらない」の判断を繰り返すことで、子供なりに判断の基準ができてきます。人生は常に選択です。その選択の一番簡単な訓練が片づけなのです。

このおもちゃを取っておくのか処分するのか、この際に親の意見を入れてはいけません。親戚にもらったものだから捨ててはいけないなどと、親の都合で子供に強要するのは止めましょう。

たとえ取ってあったとしても、子供にとってはいらないモノと判断されているわけですから、そのおもちゃで遊ぶことはないのです。であれば使ってもらえるところに持っていくのがおもちゃとしては生かされます。

親に「あれも捨てちゃいけない、これも捨てちゃいけない」と言われて育つと、全て捨ててはいけないのだと認識してしまいます。それこそ片づけられない人間を作ってしまうことになりかねません。

子供には子供の判断があります。それを尊重してもし不安であれば、その理由を聞いてあげればいいでしょう。理由を言うことによって論理的に答える力も子供につきます。ぜひ「片づけ」を、子供の判断力を成長させるために使ってください。

片づかないのは家族のせいではない

よくある片づけのお悩みです。

・自分だけが片づけている
・家族は、使いっぱなし
・どこにある？　と聞いてくる

この悩みの原因として考えられるのは

・家族が使いやすい場所に収納していない
・戻しやすい仕組みがない
・家族が一目で分かるようになっていない

日々家事をしている主婦がやりやすいように、収納場所を決めていることが原因となっています。家族の使い勝手、家族の目線や動線が抜けているのです。

例えば、子供であれば身長により収納場所の位置が変わります。モノを取り出しやすい収納の高さは肩の高さから腰高までです。このゴールデンゾーンが身長の低い子供と大人では違ってきます。親にはよく見えても子供には見づらい高さかもしれません。子供にも片づけて欲しいと思うのであれば、子供が出し入れしやすい高さ、位置に収納する必要があります。

置き場所も関わります。主婦は常に自分のテリトリーに置きたいと考えます。家族にとって、その場所が取り出しやすいとは限りません。どうせ私が片づけるのだからと思うかもしれませんが、家族に手伝って欲しいのなら「家族が出し入れしやすい場所はどこか？」を考えてみましょう。

ランドセル置き場は、「子供に決めさせる」「子供自身で決める」「子供に決定権を与える」これも有効です。子供が置きやすい場所、教科書を出し入れしやすい場所が自然と決まります。

子供に聞いてみるとデスクの位置を変える可能性も出てきます。親子で一緒に考えることにより新しい視点も出てきますし、子供のやる気も湧きます。自分で決めたのだから、なるべく戻そうとします。

しかし、「自分で決めたのだから、毎日戻しなさい！」これは、やめましょう。大人だって、気の乗らない時はあるものです。ましてや子供です。気持ちのムラはあるものと、鷹揚に構えるほど責任感のある子に育ちます。ガミガミは、いつものことと

■ 我が国と諸外国の若者の意識に関する調査（平成30年・内閣府）
「自分自身に満足している」

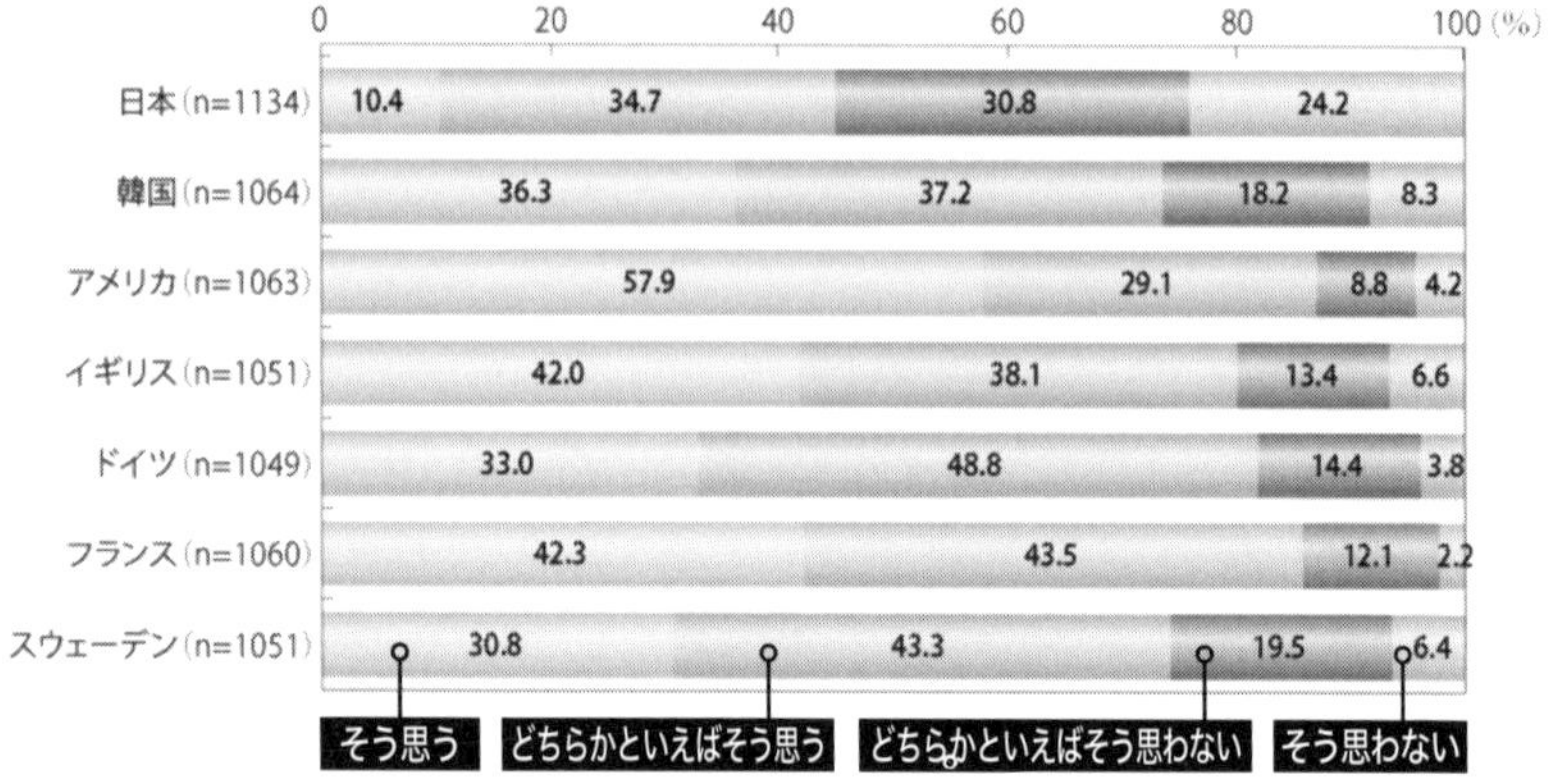

無視されるようになれば、効果は全くなくなります。また自尊心も育ちません。

日本の若者の自己肯定感の低さは、国際的な比較で突出しています（上図・参照）。

子供の態度が、親の通信簿。がんばれ！お母さん。

「思い出の品」は誰のため

片づけの現場で思い出の品としてよく見かけるのは、ランドセルや子供の描いた絵などの作品です。小さかった可愛かった子供の思い出として、なかなか処分できないまま保管をしています。

ここで親が意外と勘違いをしているなと思う

ことがあります。絵などの作品を子供の思い出として取ってあるのです。でもこれは本当に子供の思い出なのでしょうか。一度、お子さんに聞いてみることをお勧めします。

高校生の場合、「いらない」と言われることがほとんどでしょう。つまり子供の思い出として取っているつもりですが、本当は親の思い出なのです。こんな可愛かった時に一生懸命描いた絵―これが親の思い出なのです。それを子供のために取ってあるというハンコをつけて自分を正当化しているのです。

親が高齢になって子供が親のものを処分する際に、自分の子供の頃の作品が大量に出てきたらどう思うでしょうか。紙は劣化します。ボロボロになった自分の作品を見て子供は喜ぶでしょうか。「こんなに大量に取っておいてどうするんだ！」と言われないでしょうか。

作品は、写真で残すのが一般的です。子供に絵を持たせて、このくらいの小さい時に描いた絵とわかるのも、思い出としてはいいと思います。

もし実物を残すのであれば、本当にこの作品だけはというものを選び、劣化しないようにパウチするとか、真空パックにするなどしてきれいなまま保存しておきたいものです。そこまでしてくれた親の気持ちは、きっとお子さんにも伝わるでしょう。

さすがにランドセルは子供のために取ってあるとは言わないと思うのですが、ランドセルも作品も同じだと考えましょう。ランドセルをミニランドセルに作り変えることもできますし、定期入れやペンケースに変えることもできます。使えるものに変えて使っていただければいいと思います。また海外への寄付という方法もあります。我が家の場合は、海外へ修理して寄付されている鞄メーカーに送りました。

あなたにとって本当に「大切なモノ」とは

モノには思い出がつきまといます。その中で最も大切なモノはなんでしょうか。コレクションをしている方ならば、使いはしないけれど眺めているだけで幸せと思えるモノもあるでしょう。それは大切に保管しておきたいですね。ただ、ここで重要なのは大切なモノを本当に大切に扱っているのかどうかです。

押し入れに詰め込んでおくだけでは、大切なモノとは言えないのではと思うのです。博物館みたいに保管するモノと飾っておくモノを決めて、時折入れ替えながら楽しむ―これくらいはしていただきたいなと思うのです。できれば全部見渡せるようになっていると素晴らしいコレクションとして、人にもお見せできるのではないでしょうか。

空間には限りがあります。一人暮らしなら問題ありませんが、家族がいるのに自分の部屋以外にもコレクションが進出している——これは避けたいものです。自分の趣味と家族の趣味は異なるものと理解し、それにより家族の心身に影響を与えない工夫をしていただきたいです。明らかに家族の心の健康を害していると思えるケースもありますので、自己中心的な考え方にだけはご注意いただければと思っています。

ストレージを借りて趣味のフィギュアを棚にきれいに並べている方もいらっしゃいます。その部屋で過ごす時間は至福の時。そんな時間があってもいいと思います。周りとの関係性を大事にされているからの選択ですね。

コレクションほどではなくても大切なモノは誰にでもあるでしょう。なかなか子供を授かれなかった私にとっては、子供の存在自体が大切な存在です。それ以外には、初めて買ったファースト・トーイである木のおしゃぶりとミニ絵本2冊。これは私の思い出です。桐の箱に入れて大切に保管してあります。

名付けの紙は子供が結婚して、子供(孫)が生まれた時に渡そうと思っています。「あなたもこんなに大切に名前を考えてもらったのだから、あなたも大切につけてあげてね」と言うつもりです。渡した後は、どのように処分するかは子供の好きにすればいいのです。

高齢者で「思い出も見直しをするなんて思っても見なかった」と言われた方がいらっしゃいました。思い出も、去年よりもっと大切なモノが出てくれば入れ替え制です。人生100年時代、全部思い出にしていたら家は思い出のモノで溢れてしまいます。

屋根裏部屋に保管している方もいますが、大概細い梯子を登れずに出せなくて困っています。また屋根裏部屋は温度管理も湿度管理もできません。そんな場所に置いておくのが「大切なモノ」なのでしょうか。本当に大切ならば、すぐに手に取れる場所にあるのではと考えます。

そして自立生活ができなくなった時に施設に持っていけるモノは、ほんのひと握りです。そう考えると早くから厳選して大切なモノを選ぶことは、とても重要なことだと思います。モノの分別、「いる」「いらない」は頭をとても使います。判断力があるうちに、体力もあるうちに考えておきたいことですね。

片づけで自分が変わり、未来が変わる

あなたの未来は、約束されています。あなたが変わろうとする限り、部屋の環境は変わっていきます。環境が変われば、こころ模様が変わります。こころが変われば頭の中の思考も変わります。

ドンドン加速度的に部屋が変わっていきます。部屋が変わっていくと、家族の意識が変わっていきます。あなたが努力している姿を必ず家族は見ています。そして以前の散らかった景色を忘れます。前からずっときれいだったように思い、TVで放映されている散らかった部屋のことを他人事のように語ります。でも、それでいいのです。忘れたということは潜在意識も書き変わったのです。

意識が変わるということ―これが究極の片づけの効果です。それはモノだけに収まりません。掃除であったり、洗濯であったり、生活の全般に及びます。

私の夫は典型的な九州男児でした。妊娠中に20分歩いた先にあるコンビニでの支払いを営業車で回っている夫に頼みました。缶コーヒーを買う時のついでに支払ってもらおうと思ってのことでした。しかし、そんなことはできないと言われました。その

時はわけが分かりませんでした。今でこそ男性脳を理解するようになりましたが、その当時は分からなかったのです。

そんな夫が家事をするはずがありません。しかし、私が整理収納の仕事に関わるようになって、喧嘩をしつつもYシャツのアイロンかけをしだしました。私は洗濯は好きですが、アイロンかけは嫌いです。忙しい時にアイロンかけをするくらいなら、クリーニングに出せばいいと考えていました。それが夫には不満だったのです。理由はお金がかかるとか言っていましたが、よくよく観察しているとクリーニング屋さんのYシャツの襟につけている固いのりが嫌いなようでした。結局、自分のYシャツは自分でアイロンかけをするようになりました。

それから数年たった今では、子供のシャツから私のブラウスまでアイロンをかけてくれています。料理も教えてくれと少しずつレパートリーを広げています。掃除は、自分で買ったスタンド式掃除機で取れたゴミが見えるのが嬉しいのか、ちょこちょこかけるようになりました。私の体調が悪かったこともありますが、夫の変化を面白いなと思って見ていました。これも始まりは、たかが「片づけ」から始まったのです。

今、家族の応援がないと嘆いているあなたも、あなたが変わると家族も変わっていきます。急に変わるわけではありませんが、確実に変わっていきます。その未来を、あなたは未来に行って確認してきたはずです。それを信じて環境整備を続けてください。環境が整えば自分の中身が変わっていくのです。モノの見方も変わります。家族も変わります。

子供は早かったですね。小学校2年生の時に始め、4年の時には分けること（いる・いらない）ができるようになりました。収納は中学2年の時に、教えたわけでもないのに自然とできるようになりました。教えた方が早いと思いますが、環境が整えば特別教えなくてもできるようになるのだと思います。理論的に知れば、確実に精度は上がります。

生まれ育った環境が、毎日過ごす家が、日々身体（からだ）の芯に、魂にインストールされていくのです。きれいなところはきれいに保ちたい、汚れているところは汚しても気にならない、これが人間の心理です。

ゴミ置き場でないところに大量の廃棄物が放置されるのも、始めの1個を置いた人がいたからです。一つあれば、ここは置いていいというサインになってしまうのです。

それが家庭であれば、ダイニングテーブルの上に後から読もうと思った本を一冊置いた。そこからプリントが置かれ、新聞が置かれ、雑多なものが置かれだすのです。このメカニズムを知っていれば、ダイニングテーブルの上に本を置かないですよね？それが散らかる原因を起こしたのですから。

この本を読んでいるあなたは、人間の心理も知りました。片づけるとどんなことが起きるのか、片づけないとどうなっていくのかを理解されたと思います。であれば、どちらがいいですか？片づけた方が、人間関係もお金についてもいいことがドンドン起きてくることがお分かりかと思います。

そして、なによりも、こころが穏やかになります。そんな穏やかな時間をこれからずっと持ち続けたいと思いませんか？それは可能なのですから。あなたの未来は、約束されています。あなたが変わろうとする限り。

巻末資料

波動片づけプログラム

この「波動片づけプログラム」は、高齢域に入った知人が一気に片づけて身体を壊し、やり方を教えてと言われたので追加することにしました。

基本はどの年代でも同じなのですが、年齢や体調により片づける時間は変わります。60代になったら、一気に何時間もというのは避けたいもの。後でドッと疲れが出て翌日が大変なことになります。体力も気力も頭も使うので要注意です。

専業主婦の場合ですが、30代―毎日1時間、40～50代―3日おきに3時間、60代以降―毎日15～60分。いくら急いでいたとしても、これくらいまでにしておきたいですね。

家の処分を急ぐにしても、あまり急な動きをすると筋肉痛になって、後が大変になることがあります。年を取ったなりのペースで進めていただければと思います。効率がいいのは、3時間続けてすること。成果が見えて達成感もスッキリ感もあります。高齢の方がする時は、プロのお手伝いを頼むといいでしょう。無理はしないことです。

(1) 目的を決める

まずは、すぐに捨て始めず、自分を整えましょう。

何のために片づけたいのか？　目的は？　ここを明確にします。

・自分の居場所をつくる
・子供が落ち着いて勉強ができる環境を整備する
・親が安心して暮らせる家にする
・夫婦が仲良く暮らすためのスペース作り
・自分に似合う洋服だけにして魅力的な女性になる
・テレワークを楽しめる環境をつくる
・いつでも人を呼べるようにする
・趣味の部屋をつくるために1部屋開ける　など

目的が違えば、部屋の作り方も変わります。まずは目的を決めましょう。

⑵目標を決める

何をどうしたいのか？を決めます。それは場所であったり、人であったり、モノであったりします。

・どこの場所　（キッチン・リビング・デスクなど）
・何のアイテム　（洋服・食器・雑貨など）
・誰と一緒に　（子供と一緒に子供部屋、夫と一緒にデスク周りなど）
次に、いつまでという期限を設定します（大まかでＯＫ）。

⑶ 理想の状態を思い描く

例えですが
・洋服 ――― クローゼットに8割収納を目指す
・本 ――― 本棚を1つにする
・食器 ――― 箱に入ったままのモノはリサイクルショップに持っていく
・鞄 ――― 型崩れしているモノは処分
・キッチン ――― 引き出し内は重ねない。鍋は使うモノだけにする　など
漠然としていても、ここではＯＫです。頭の中に思い描くのは、これくらいの量であれば把握できると思える量にしてみてください。その絵は心地良い状態でしょうか。

自分で心地良いと思える映像を掌に乗せ、自分のハートの中にしまいます。暖かく感じますか？　落ち着きますか？　その時の感情を味わいましょう。心地よく感じられなければ、再度挑戦してみてください（本書「未来を変える片づけ」を参照）。

まずは自分のところからです。家族のところは後回しにしましょう。自分が心地よくても、家族に心地よくなければ意味がありません。家族のことは、家族が決めることです。サポートすることはできても、勝手に処分することはできません。なので、理想も家族はどんな状態がいいのかを聞かなければ分からないことです。難易度が上がりますので後にしましょう。

もし家族全員で使っている場所であれば、自分の描いた状態を共有してみてください。こんな状態にしたらどうかしら？　その時の反応が家族の答えです。ＮＯだったとしても、めげないでください。自分の場所を変えていくうちに、心地良いということがどのようなことなのか分かれば、家族の意識も変わっていきます。

私の家が変わっていったように、必ず波及効果は出てきます。少しづつ変えていきましょう。自分の意識さえ、なかなか変えられないのです。他人の頭の中を変えようとしても、すぐに変わるわけがないと知っていれば、イライラすることはありません。

もしイライラするなら、あなたのイライラの原因は本当にモノのせいなのかをチェックしてみましょう。意外にほかの事だったりします。それをモノに転嫁しているだけなら、モノが整ったとしてもイライラは解消されません。根本原因を見つけてみてください。「自分の意見を聞いて欲しい」「愛していると言って欲しい」「日々の家事を認めて欲しい」「私だって女性…」、何か他のことではないですか？

あなたの波動が周りに影響を与えているのです。あなたが変われば、周りは変わっていきます。あなたは磁石なのです。あなたが上がれば、周りは勝手に上がり始めます。そのためにも、テンションが上がる理想を描いてみてください。それだけで波動は上がり始めます。波動が上がれば、天からの応援も入りやすくなります。さあ、未来の絵を描きましょう！

⑷ こだわりのないところから始める

お困りの方の原因はというと、圧倒的に量が多いことがほとんどです。大好きなモノから始めてしまうと、どれも大切に思えて減らすことが難しくなってしまいます。最初は、こだわりのないところからした方が始めやすいでしょう。

(5) 判断の仕方

現在使っているかどうかで、残すべきモノを決めると書いてきました。しかし、そうは言っても思いきれないという方に向けて、モノとの関わりを考えてみます。

モノはあなたの潜在意識の奥底にあるものを表しています。これを手放すと、もう二度と手にできないかもしれないという恐れ、いただいた人との関係性が壊れてしまうのではないかという不安です。

袋ものが沢山ある方は、心理的にその袋で自分を守っているといわれます。何から自分を守らなければならないのでしょうか。恐れや不安を手放さないと、また同じ恐れや不安になることが引き寄せられます。恐れや不安が欲しいのだと、潜在意識が判断してしまうからです。

本当はいらないという意識を持ち、目の前から恐れや不安の象徴であるモノを消して、「私は大丈夫！　ついてる、ついてる！」「今までありがとう！」と感謝して手放せばいいだけです（すでに精神的な病にある方は捨てないでください）。

使っているモノが、いるモノです。もし手放せないのであれば、使ってあげればいいのです。そのためには、使いやすい場所を確保する必要があります。使いずらい場所に収納してしまうと、結局、使わないからです。

よくあるのは、キッチンの高い扉の中にしまい込まれたブレンダーです。「使わないのですか？」と聞くと、「使えるようになれば使いたい」と言われる代表格です。手の届きやすい肩から腰の間くらいに収納場所を設定すれば、使おうと思うものです。このような場合は、場所を確保すればＯＫなだけです。

そう言うと「しまえる場所がないのです」こんな風に言われますよね。これを言っていると、いたちごっこになります。収納場所を工夫はしますが、基本的に優先順位が決まっていないと起こりやすい現象です。

あなたにとって、使うかどうか、使いやすいかどうか。その上で使用頻度を考え、優先順位を決めましょう。優先順位が低いモノから、収納場所が見つからなければ手放すことを考えてはいかがでしょうか。

迷ったら一年保管しておくのもいいのですが、たいていは一年後になっても一度も使わずにしまわれた状態のままです。その光景があなたに思い浮かぶのであれば、今使ってもらえる方にお譲りした方が、モノにとっては嬉しいこと。あなたも管理するモノが減って、頭に余白が増えます。余白が増えるほど、判断力や記憶力がアップして探しものがなくなります。探しものに余分な体力と時間を費やすこともなくなるのです。

納戸部屋にあるモノを思い浮かべてください。どれだけのモノが有効活用されているでしょうか。そのモノたちがいなくなったら、納戸部屋は子供部屋や趣味の作業場になるかもしれません。人が常に集うことができる貴重な場になるかもしれません。留学生を受け入れることで、収入に繋がるかもしれません。でも今のままなら、その空間は家賃が支払われ続けているだけ、固定資産税を取られているだけです。

恐れと不安を手放すことで支出が減って幸福が増える循環に変わり、「明るい未来が約束されている、自分で見てきた未来がやってくる」と思えるでしょう。

自分が見てきた未来を信じること。これができれば波動片づけの効果は計り知れないのです。その後には、あなたに必要なエネルギーを持ったモノたちが集まってくるからです。いい波動だけが自宅を満たしていきます。いい循環が回り始めます。あなたが自分を信じることからしか始まらないのです。

まだ迷うのなら、そのモノを手にして、いい気を感じるかどうかで判断してもいいでしょう。私は、目に見えない存在から、この場所を片づけた方がいいとメッセージを受け取ることがあります。そうすると確かに古い使っていないモノが出てきます。先日もメイク箱の中から、ほぼ使わない口紅やマニキュアが出てきました。細かいモノほど見逃しがちです。

しかし、誰でもメッセージを受け取れるわけではないでしょう。Oリングという方法があります。自分に合っているモノであれば、左右の親指と人差し指でリングを作って引っ張りあっても、すぐにはほどけません。しかし、いらないモノであれば、あっさりほどけます。第三者に軽く引っ張ってもらう方が分かりやすいです。これは医師も使っている方法で、クスリが患者さんに合うかどうかの判断などに使われる方がいます。

自分で試すなら、エネルギーの高いと言われているお茶などを手にした時と、ゴキブリ退治するようなスプレーボトルを手にした時とで比べると分かりやすいです。身体の細胞は正直です。自分にとって必要なモノ、不必要なモノ、しっかりと分けてくれます。

潜在意識の声を読み取るテクニックの一つ、キネシオロジーの筋肉反射テストを使ってみても分かると思います。片手に迷うモノを持ち、もう片方の腕を他の人に下に押してもらう。何も持っていない時は腕を下に押されても動かなかったのに、反対の手にモノを持っただけで弱くなるなら、そのモノのエネルギーはあなたに合わないということ、つまり細胞からNGと言われています。そんなNGの洋服を着ていれば、体調が悪くなるのは当たり前です。部屋に置いておくだけでも、あなたのエネルギーに悪影響を及ぼす可能性があります。体調管理のためにも、サッサと片づけましょう。

(6) 整理は、全部出す

■アイテムごとに整理する

同じアイテムを全部集める。シンプルでわかりやすい方法です。家じゅうのボールペンだけを集めてみる。あっという間に30本くらいは集まると思います。使っていないペンだけでもそれくらいはあります。

では何故そんなにも持っているのでしょうか。単純に把握できていないだけです。30本もあると分かっていれば、粗品で配っていても手を出さなくなります。ついタダだからと手を出してしまう。これが家の中にモノが増えていくステップの始まりです。

どれくらい自分が持っているかが分かると、タダだからと言って手を出さなくなります。今あるボールペンで使っているモノは、書き味がいい、持った感触が好きなど、自然と選んでいます。であれば、芯だけ変えればいいはずです。使っていない粗品でもらったボールペンは、今後も使う予定に入らないのではないでしょうか。であれば他に寄付をしてみましょう。私は小学校のＰＴＡに寄付をしました。ＰＴＡ会費は子供のために使ってもらいたいのであって、ＰＴＡが文具を買うために払っているのではないからです。

病院や公共施設に使ってもらうのもいいでしょう。来館者が名前を書いたり丸をつけたりするだけですから、書き味はあまり関係ありません。捨てる必要もないので、使ってもらえるところに寄付をしましょう。海外へ寄付を行っている団体もあります。キリスト教系ではわりと聞きますので、声をかけてみましょう。

同じアイテムは、同じ場所にまとめて収納していきます。ボールペンは、人別（子供・夫・妻）や場所別（子供部屋・書斎・リビング）で考えましょう。

■場所別に整理する

キッチンで考えてみます。キッチンにはたくさんのアイテムがあります。全部出すとプロでない限り途方にくれることになります。選別が終わらないうちに夕飯をつくる時間になっては、そのまま戻すことになりかねません。そうならないためには、始めは鍋、フライパンなどアイテム別で使っているかどうかで残すものを判断します。

引き出しは、一段づつ全部だして整理をしていきます。引き出しごとに分別できるので、何を入れたら便利かを考えて使うモノだけを戻します。その際に、箱などの仕切りを使います。引き出しは出し入れするごとに中身が動くので、仕切りは必要になります。

ラップの箱は、一面を取り除けば細長い箱になります。菜箸、トングなど長いものも収納しやすくなります。１００円ショップにも様々な仕切りがありますので、自分の持っているモノにあった収納を選びましょう。

フライパンはコンロで使うものなので、コンロ周りに収納をしていきます。ザルやボールはシンク周りに配置します。「使うところに使うモノを」が基本です。

たいていの人は、使っていない鍋を奥に収納し、使っている鍋が入らないと言います。これは順番が違っているからです。使っている鍋を一番使いやすい場所に収納します。そして収納しきれなかった、あまり使わない鍋をどうするか判断するのです。

(7) 収納

そもそも家具の配置を変えた方がいいこともあるので、家全体でどこに何があれば使いやすくなるのか、家族の動きも考慮して簡単な設計図（平面図）を書くといいでしょう。その上で収納を考えていきます。新たに用意しなければいけない収納用品については、本書の「未来を変える片づけ・収納用品選びは慎重に」の項目をみてください。

使用頻度で使いやすい高さを決めます。肩から腰くらいまでが一番使いやすい高さです。ここに一番よく使うモノを配置していきます。次は腰から下、一番最後が使いづらい肩より上です。目線より上はカゴを使う場合、中が見えないのでラベルを貼って中身が分かるようにしましょう。

収納は、あなたが使いやすければどんな方法を使ってもいいのです。今はネットの時代ですから、「収納術」「収納のコツ」で検索すれば収納用品もたくさん出てきます。

しかし、上手く収納することが大切ではないということを理解してください。モノが多ければ多いほど管理が必要となり、その手間がかかります。忙しい日常でどこまで管理ができるのかを考えて、自分が把握できる量にすることが大切です。

それが、こころが行き届いた環境に繋がるのです。まずは整理、2番目が収納、その後は頭を使わずただ戻すだけの整頓です。この順番を間違えれば、同じ場所を何度も片づけることになります。そうならないように順番通りに進めていきましょう。

⑻ 維持管理

維持管理には習慣が関わります。出した後、使ったらしまう。これをしなければ元の木阿弥です。歯を磨くように、元に戻すことができればいいですね。寝る前に歯を磨くのは何の抵抗もないはずです。それが習慣になっているということです。

習慣にするには、今すでに習慣になっているコトとセットにするのが一番継続しやすいのです。

歯を磨いたらダイニングテーブルの上を片づける。そんな感じで、始めの21日間はひたすら戻すことを意識してください。21日間続けたことは習慣になります。ここだけは頑張ってください。それでも戻せないのであれば、収納場所の設定や収納方法が間違っている可能性があります。再度、見直してみてください。

波動片づけプログラムは、いかがでしたでしょうか。毎日無理なく続けることで環境が整っていき、意識も片づいていくのが普通になっていきます。そこまでいったらシメタものです。散らかっているのが気になったら、勝手に身体が動いています。心地良い環境にするために。あなたも幸せ家族の仲間入りです。あなた自身の波動は、200%上がっているはずです。

そして、あなたの周りには守護天使が笑顔で寄り添っていることでしょう。先にお祝いをしておきます。これは「予祝」というおまじないです。ソフトバンクの創業者・孫正義氏もしているそうです。

理想のお部屋が完成しました。おめでとうございます！

あなたの未来の部屋が見える タイムスリップ音声ファイル

「第6章 未来を変える片づけ」に記載したワーク③の音声版です。セラピーコーチングをしたことのない方はやりにくいと思うので、誘導瞑想の音声をつけました。

本来は1対1であなたのお悩みをお聞きしながら進めるものですが、今回はプチ体験版としてほんの少しでも体感していただけたらと思い、音声をお付けしました。下記のQRコードを読み込んでいただければ、聞くことができます。ゆったりした環境で始めてください。あなたの未来を垣間見ることができます。

本格的にセラピーコーチングを受けたい方は、QRコードの後にメルマガ、ライン登録がありますのでご連絡下さい。読者様限定価格にて承ります。

おわりに

この本が、240年続いた「地の時代」が終わり、「風の時代」に入った地球の変革期に出すことができたことに、ただただ感謝いたします。これも天の采配だと感じています。

7年前に人生の整理を書きたいと思いました。まだ終活という言葉が、世の中に浸透していなかった頃です。その当時は、年寄りは本は買わないなど出版社からは冷たい反応でした。出版業界は、相続やエンディングノートなどは別物という認識だったのです。

その後、実家の片づけということで、本が世に出るようになりました。ほら！需要があるじゃない！と思ったものでした。その頃には、さんざんの論評にめげてしまった私は、執筆ということに情熱を持てなくなっていました。

しかし、この時代の大きな変わり目に、「スピリチュアルな視点」と「風水という長い歴史のある生活に活かせるエネルギー」、そして「量子力学という分野で目に見えない波動」が認知され始めた今、この本は真実味をもって読んでいただけるのではないかと思います。

これからは科学により、風水であったり、目に見えないエネルギーについての解明がされていくことでしょう。それを待つより先に、あなたが何かしらのアンテナが立ったのなら、ぜひそれを活かしていただきたいのです。一つでも、二つでも構いません。やってみようと思ったことは、必ずあなたに縁のあることなのです。

ハイヤーセルフ（自分の魂の高次元の側面）が知っていることかもしれません。過去世に経験があったことかもしれません。宇宙戦争は今も続いており、地球が光に転ぶか、闇に支配されるか、それによって私たちの生き方も変わっていきます。

しかしながら、すでに地球という星は5次元に上昇をしました。光の方向に舵を切ったのです。それについていけるかどうかは、私たち次第です。多くの著名人が亡くなっていますが、その方たちはすでに役割を終えたのです。

では、今生きている私たちは、どうでしょうか。これからの未来の地球を担っていかなければなりません。私は、「次世代の子供たちに、青く美しい地球を手渡していきたい」そう願っています。これ以上環境破壊が進まず、人が住める楽園であって欲しいのです。その一環として、片づけ、整理収納があります。

片づけは、自分の居場所だけを心地よくすることではないはずです。周りも良くなければ、意味がありません。

「朱に交われば赤くなる」との例えのように、環境が良くなければ、人のこころは闇に沈んでしまいます。汚れているところは汚してもいい、そんな場所が不法投棄されている場所です。

これは自宅でも起こることです。納戸部屋に入れておけばいい、そうやって開かずの間が増えている家もあります。それではこころが荒んでしまいます。こころと部屋は繋がっています。頭の中の状態が部屋の状態です。その考え方が広まれば、自国だけが助かればいいという風潮は、おかしいと気がつくはずです。

コロナは、それを教えてくれています。世界中助け合わなければ乗り越えられません。経済的に厳しい状態でも、地球はその分だけ、空がきれいになりました。皮肉なことですが事実です。

この意味するところはなんでしょうか。地球と人間は一心同体なのです。地球を傷つけては人間は生き延びられない。その縮小版があなたの部屋です。部屋を散らかしたら、あなたが傷つきます。部屋は、あなたそのものだからです。

もう一度、なぜ片づけをするのか、自分なりに答えを探してみてください。自分を大切にすること、それは自分の居場所を整えること、そこに繋がるはずです。あなたの意識が少しでも変わることを願っています。

多くの方に支えられ今まで生きてこられたことに感謝します。出版について多くのことを教えていただきました佐藤伝ちゃん先生、節目節目にアドバイスをいただきましたひらまつたかお様、クリス岡崎さんを始めとするコーチング仲間の5スターの皆様、そして仕事仲間及び受講生の皆様、感謝をしつつ筆を置くことにいたします。最後までお読みいただき、ありがとうございました。

令和3年3月吉日

片づけ波動セラピスト　藤岡 聖子

平成出版 について

本書を発行した平成出版は、基本的な出版ポリシーとして、自分の主張を知ってもらいたい人々、世の中の新しい動きに注目する人々、起業家や新ジャンルに挑戦する経営者、専門家、クリエイターの皆さまの味方でありたいと願っています。

代表・須田早は、あらゆる出版に関する職務（編集、営業、広告、総務、財務、印刷管理、経営、ライター、フリー編集者、カメラマン、プロデューサーなど）を経験してきました。そして、従来の出版の殻を打ち破ることが未来の日本の繁栄に繋がると信じています。

志のある人を広く世の中に知らしめるように、商業出版として新しい出版方式を実践しつつ「読者が求める本」を提供していきます。出版について知りたいことやわからないことがありましたら、お気軽にメールをお寄せください。


book@syuppan.jp 平成出版 編集部一同

ISBN978-4-434-28831-9 C0077

愛と幸せを引き寄せる 片づけの波動

令和３年（2021）４月 14 日 第１刷発行

著　者　**藤岡 聖子**（ふじおか・せいこ）

発行人　須 田 早

発　行　**平成出版** 株式会社
〒 104-0061 東京都中央区銀座 7 丁目 13 番 5 号
ＮＲＥＧ銀座ビル 1 階
経営サポート部／東京都港区赤坂 8 丁目
TEL 03-3408-8300　FAX 03-3746-1588
平成出版ホームページ https://syuppan.jp
メール : book@syuppan.jp

発　売　株式会社 星雲社（共同出版社・流通責任出版社）
〒 112-0005 東京都文京区水道 1-3-30
TEL 03-3868-3275　FAX 03-3868-6588

編集協力／安田京祐、大井恵次
制作協力／Ｐデザイン・オフィス
写真・イラスト／ photoAC・イラスト AC
印刷／（株）ウイル・コーポレーション